U0660246

一本书读懂
新三板

吕长青|编著

北京工业大学出版社

图书在版编目（CIP）数据

一本书读懂新三板 / 吕长青编著. —北京：北京工业大学出版社，2016.11

ISBN 978-7-5639-4933-5

Ⅰ.①一… Ⅱ.①吕… Ⅲ. ①中小企业－企业融资－中国 Ⅳ. ①F279.243

中国版本图书馆CIP数据核字（2016）第236129号

一本书读懂新三板

编　　著： 吕长青
责任编辑： 贺　帆
封面设计： 书心瞬意
出版发行： 北京工业大学出版社
（北京市朝阳区平乐园 100 号　邮编：100124）
010-67391722（传真）　bgdcbs@sina.com
出 版 人： 郝　勇
经销单位： 全国各地新华书店
承印单位： 三河市兴国印务有限公司
开　　本： 710 毫米 ×1000 毫米　1/16
印　　张： 16.5
字　　数： 228 千字
版　　次： 2016 年 11 月第 1 版
印　　次： 2016 年 11 月第 1 次印刷
标准书号： ISBN 978-7-5639-4933-5
定　　价： 38.00 元

版权所有　翻印必究

（如发现印装质量问题，请寄回本社发行部调换 010-67391106）

前言

金融危机发生以来，建立完善的多层次资本市场体系成为中国经济持续健康发展的关键因素。如何建立有效的场外市场体系来为大量的高科技中小企业提供一个更为市场化的平台是金融结构转型的重要内容。从中国证券市场过去的发展来看，主板和中小板、创业板市场虽然得到了长足的发展，但难以满足社会对资产证券化的要求，在推动中小企业大力发展方面显得力不从心。因此，大力发展新三板具有很强的必要性和现实意义。

新三板市场为高新技术、高成长型的企业提供了融资平台，为其创新创业及科技成果产业化提供了帮助，扩展了场外交易市场规模。但由于新三板在我国属于新兴的市场，发展中难免存在许多不足，如社会关注度不够、投资偏少和投机问题突出等，一定程度上制约了其发展的速度和规模，削弱了促进高新科技企业和资本市场发展等功能。因此，对新三板市场存在的问题进行分析是有必要的。

自2004年国务院发布《关于推进资本市场改革开放和稳定发展的若干意见》以来，新三板市场的建立可谓一波三折，整个市场从无到有、从小到大，经历了一个飞速发展的时期，现已扩容到全国。随着新三板市场的不断发展壮大，新三板不仅成为中国多层次资本市场体系中的重要组成部分，也成为广大中小企业以及投资者密切关注的焦点。微信、微博中到处可见新三板论坛、新三板培训、新三板沙龙等各种活动。各家基金公司也相继推出新三板专项基金，从机构到个人，对新三板的关注越来越多。在这样的背景下，我们结合在新三板实务工作中的经验及深入的研究探讨，将新三板这个新生事物的相关知识整理成书，让有志于了解新三板市场的投资者、企业、中介机构等，得以在此书的帮助下更顺利地开展工作。

如果企业或投资者对新三板企业所存在的问题一知半解，就不能有效规避新三板挂牌过程中的风险。本书通过介绍和分析大量的新三板案例，将理论与实际相结合，对相关问题进行提炼和评析，同时给出具体的操作方法和模式，以期能够给广大中小企业以及投资者提供指引。

此外，本书从新三板的知识普及、实务指导、实际操作和案例解析等方面入手，为读者提供对新三板的基础性认识，同时针对企业在新三板挂牌上市实际操作中所面临的常见问题给出专业性的解决方案，并对一些相关的规章制度、企业常见问题以及解决方案进行详细描述与解读，可以说全方位地覆盖了新三板知识的各个方面，并进行合理布局，使本书结构紧凑有序，内容丰富全面。

目前，新三板仍处于发展之中，而且还有很大的发展空间，如果将其比作一个宝藏，那么这个宝藏的财富和价值还远远没有被挖掘出来。更重要的是，对于整个资本市场来说，新三板是撬动资本市场的一个杠杆，其发展势必带动整个资本市场的发展。对企业、投资者、中介机构等潜在的参与主体而言，新三板究竟是什么？它的运作规律是怎样的？具有什么样的内在架构？如何参与进去？如何更好地挖掘价值点？它的价值怎样？在资本市场中的地位和作用是怎样的？它能否创造更大的财富？能否带动投资？这所有的问题都是参与者亟须了解的，通过本书，相信广大读者朋友可以得到解答。

本书在写作过程中得到了股转系统专业人士的宝贵意见和资讯，这给我们提供了莫大的方便和支持。碍于篇幅有限，无法一一列出，在此对他们由衷地表示感谢。

此外，由于作者能力有限，错讹之处，还望各位读者批评指正。

目录

第一章 直面新三板

第二章 新三板挂牌的条件与程序

第三章 企业股份制改制与重组

第四章 挂牌常见问题及解决方案

第五章 信息披露制度

第六章 新三板市场融资

第七章 新三板市场交易

第八章 新三板市场投资

第九章 新三板市场的并购重组

第十章 将转板进行到底

第十一章 其他监管制度

第十二章 经典案例解析

附录

第一章 直面新三板

作为国务院批准设立、中国证监会监管的第三家全国性证券交易场所，新三板全面扩容是我国完善资本市场结构、发展多层次资本市场的重要战略举措，作为我国多层次资本市场的重要组成部分，新三板在价值发现、股份流动、直接融资等方面发挥着巨大的作用。

与 IPO 相比，新三板的挂牌审查制度更符合中小企业特点，为中小企业提供了简便、快捷、低成本的挂牌路径。

但新三板到底是什么情况？它和其他各板有什么关系？它产生的背景及发展历程如何呢？新三板常识性的问题该如何解答呢？本章对上述问题逐一进行了重点描述，确保参与新三板市场的企业、机构、投资者能够更好地理解新三板，并真正能够解决相关的问题。

新三板到底是什么

近几年最热的投资话题，新三板绝对当之无愧排名第一。

从百度搜索指数来看，2013 年前，新三板的概念鲜少有人问津。自 2013 年国家放开对新三板挂牌企业地域上的限制后，新三板的话题开始在众人的视野中“繁荣”了起来。那么，新三板究竟是什么呢?

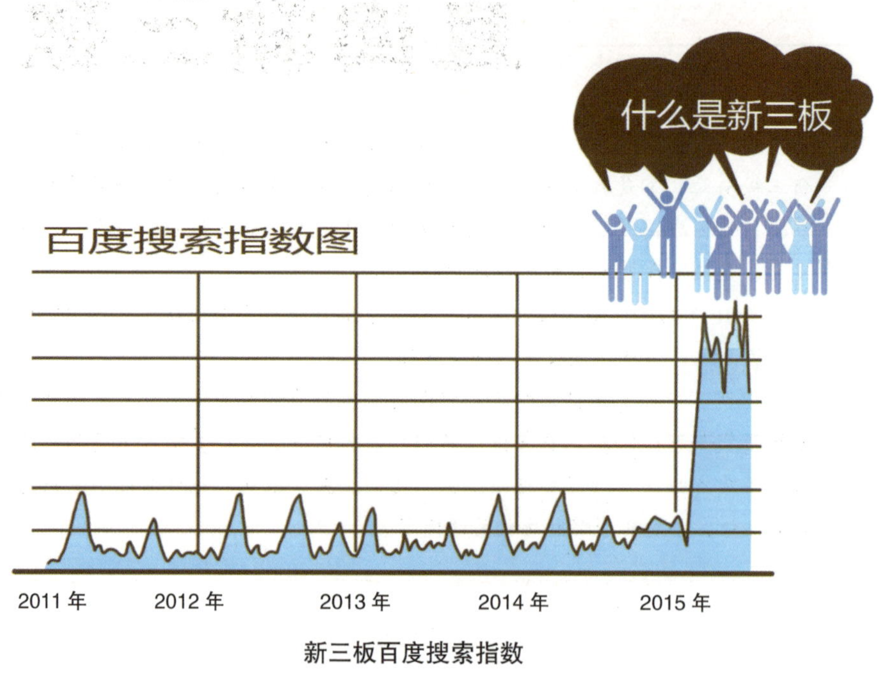

新三板百度搜索指数

在讲新三板之前，我们需要先了解它的由来。

2000 年，为解决主板市场退市公司与两个停止交易的法人股市场公司的股份转让问题，由中国证券业协会出面，协调部分证券公司设立了代办股份转让系统，称之为“老三板”。

由于在“老三板”中挂牌的股票品种少，且多数质量较低，要转到主板上市难度也很大，因此彼时“老三板”很难吸引到投资者，被冷落多年。

为解决高新园区非上市股份制公司股权流动而存在的政策障碍问题，2003年底，科技部、北京市政府联合向国务院上报了《关于中关村科技园区非上市股份有限公司进入证券公司代办股份转让系统进行股份转让试点的请示》。

2005年11月底，国务院批准实施试点方案。《国务院关于实施〈国家中长期科学和技术发展规划纲要（2006—2020年）〉若干配套政策》（国发〔2006〕6号）中规定“推进高新技术企业股份转让工作，启动中关村科技园区未上市高新技术企业进入证券公司代办系统进行股份转让试点工作”。

此时，新三板市场正式形成。

数据显示，在2006年至2012年的试点期间，新三板市场总计完成股权融资仅为59笔，融资额合计22亿元。2013年全国扩容后，新三板市场开始快速启动，当年共完成股权融资10亿元，相当于过去六年的一半。

如果说2013年新三板因融资活跃而进入众多投资者的视野，那么2014年做市商制度的推行，则再次将新三板的发展推上了新台阶。正如在华尔街每天上演的资本故事一样，在中国，现在也正在上演着一场资本的盛宴，而这次的主角则是被誉为“中国纳斯达克”的新三板市场。

新三板在很多地方的确实现了突破，但客观而言，“新三板”的现状仍难以让人满意，这个被寄希望于成为中国纳斯达克的市场虽然规模发展迅速，但其内部市场结构以及交易层面的流动性问题仍亟待解决。

新三板的行业名称叫作“全国中小企业股份转让系统”，它是经由国务院批准设立的继沪深后，第三家全国性证券交易场所，服务对象主要针对的是中小型企业，为那些非上市股份有限公司的股份公开转让、融资、并购等相关业务提供服务。

新三板是由三板市场延伸而来的。三板市场起源于2001年“股权代办转让系统”，最早承接“两网”公司和退市公司，被称为“旧三板”。2006年，中关村科技园区非上市股份公司进入代办转让系统进行股份报价转让，彼时正式更名为“新三板”。

新三板被寄予了打造我国科技型中小企业直接融资主渠道的厚望，我国的新三板市场建设体系分为扩容、分层和对接三个方面。

新三板市场扩容并形成分层体系后，政府部门为了整合市场资源，进行积极协调和引导，逐步完成了与股权交易所、地方产权交易市场的有效对接，最终形成统一监管、集中交易的全国综合场外交易市场体系。

未来新三板将增添更为蓬勃的发展动力，引领中国资本市场的创新发展。

新三板产生的背景及发展历程

新三板产生的背景

新三板产生的主要背景，除了维护资本市场的稳定外，还有一个重要因素就是现阶段我国中小型企业融资状况不佳。近年来，中小型企业的综合成本不断攀升，企业承受的负担越来越大。在上述现实背景下，企业想要扩大发展，融资困难成了首要问题。我国中小型企业融资困难主要体现在以下三个方面。

首先，融资渠道单一。

理论上来说，融资渠道分为内源融资和外源融资两种。内源融资是指企业将自己的储蓄（主要包括留存盈利、折旧和定额负债）转化为资金，进行自我投资。而外源融资是指企业通过银行贷款、发行债券、信用担保、股权转让等20余种方式获得资金。

但从已知的统计数据来看，除了为数不多的中小型企业通过内源融资方式获得资金外，绝大部分企业还是比较依赖银行贷款或以股权融资为代表的外源融资方式，融资渠道过于单一。

其次，融资成功率较低。

一般来说，中小型企业处于发展的投入期，普遍缺乏能够作为抵押的固定资产及其他有效抵押的物品。同时，企业流动资金需求量巨大，信贷需求表现为“短、频、急”，这与外源融资银行贷款的放款特点存在矛盾，这也致使中小型企业获得外源融资的成功率并不高。

最后，融资成本较高。

在信贷资金有限的情况下，商业银行为了规避风险，确保信贷资金使用的收益最大化，所以会普遍上调中小型企业的贷款利率。也就是说，中小型企业如果想通过银行贷款的方式获得融资，就必须付出更高的还贷成本。

基于以上几点中小型企业融资困难的问题，国家在金融体制改革方面进行深入研究后决定，着力拓宽中小型企业的融资渠道，坚决支持和鼓励中小型企业在相应平台中进行股权融资，从而构建稳定合理的多层次资本市场结构。所以新三板的建立，为中小企业实现外源性融资提供了便利。

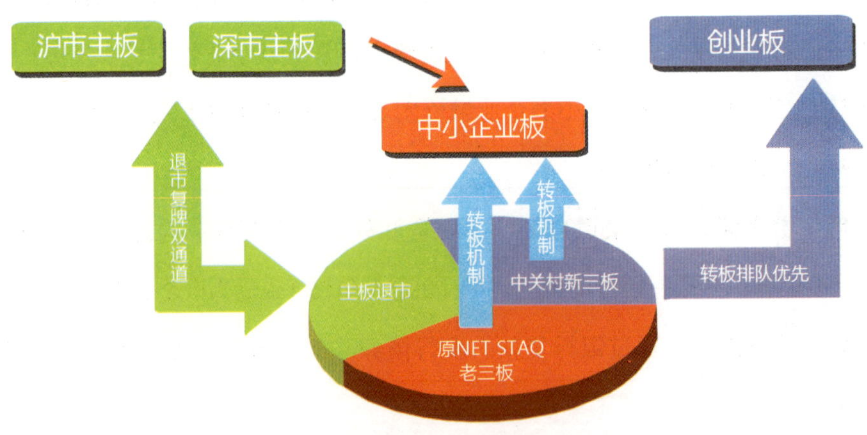

多层次资本市场结构图

新三板的发展历程

金融危机以来，建立完善的多层次资本市场体系成为中国经济持续健康发展的关键因素。

1990 年至 1993 年间，为了解决股份公司法人股的转让问题，在国务院体改委的领导下，由中国证券市场研究中心和中国人民银行共同牵头，分别成立了全国证券交易自动报价系统（即 STAQ 系统）和中国证券交易系统（NET 系统）。

后将 STAQ 与 NET 一起，构成了中国的场外交易市场，又被称为“两网系统”。由于监管力度不足和其他方面等原因，在此系统中上市交易的企业只有 17 家。

1998 年，证券市场进行大规模的整顿，“两网”系统被暂时取缔。

1999 年 9 月 9 日，“两网”系统正式停止运行，大量资金被套其中。

“两网”系统被正式关闭，主板公司走向退市。这一行径引发了股民群体的严重不满，甚至还有股民组织进行上访，这一时期的资本市场急需建立完善的退市机制。

为了维护资本市场的稳定，证监会决定建成一个由证券公司主办的代办股份转让系统（又称三板市场），这个系统由中国证券协会提供自律性管理。由此，三板市场的管理模式被正式启用。

2001 年 6 月，证券业协会发布《证券公司代办股份转让服务业务试点办法》，指定由国泰君安、国信证券、申银万国、辽宁证券等六家证券公司代办原本在“两网”系统挂牌公司的股份转让业务。

同年 7 月 16 日，三板市场正式开办。三板市场一方面为退市后的上市公司股份提供继续流通的场所，另一方面也解决了原 STAQ、NET“两网”系统历史遗留的多家企业法人股流通的问题。

2006 年 2 月 7 日，国务院出台发布了《国务院关于实施〈国家中长期科学和技术发展规划纲要（2006—2020）若干配套政策的通知〉》，其中第 19 条明确提出，要推进高新技术企业股份转让工作，启动中关村部分企业进入系统进行股份转让的试点工作。这一规定的出台，代表了国务院对新三板试点的认可。

2009 年 6 月，证券业协会又先后发布了一系列新修订的规则性文件和操作性文件，这些文件的出台，证明了我国新三板市场的法律制度得以确立。

在中关村非上市股份有限公司股份报价转让试点近五年后，即 2010 年，新三板扩容被正式提上议事日程。

2013 年 1 月 16 日，全国中小企业股份转让系统在北京揭牌。

同年 2 月 2 日，中国证监会公布《全国中小企业股份转让系统业务规则（试行）》文件。

2013 年 12 月 14 日，国务院出台发布了《关于全国中小企业股份转让系统有关问题的决定》，新三板的全国扩容也呼之欲出，新三板的发展前景在这一年驶入快车道。

【新三板市场】
指中关村科技园区非上市股份公司进入代办股份系统进行转让试点，挂牌企业均为高科技企业。不同于原转让系统内的退市企业及原 STAQ、NET 系统挂牌公司，故被形象地称为“新三板”。

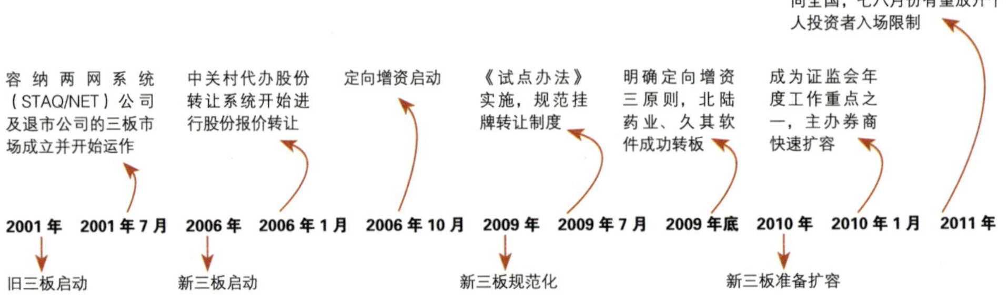

新三板的发展历程

知识链接　什么是 NET 系统？

NET 系统是由中国证券交易系统有限公司，利用覆盖全国 100 多个城市的卫星数据通信网络连接起来的计算机网络系统，该系统中心设在北京。

NET 系统由交易系统、清算交割系统和证券商业务系统这三个子系统组成，为证券市场提供证券的集中交易及报价、清算、交割、登记、托管、咨询等服务。

一板市场、二板市场、三板市场分别是什么

在证券市场上，“一板”市场、“二板”市场、“三板”市场分别指的是什么呢？

一板市场

一板市场也称为主板市场，指传统意义上的证券市场（通常指股票市场），是一个国家或地区证券发行、上市及交易的主要场所。

相对创业板市场而言，主板市场是资本市场中最重要的组成部分，很大程度上能够反映当地的经济发展状况。一板市场对发行人的营业期限、盈利水平、股本大小、最低市值等方面的要求标准相对较高。所以在一板市场上市的企业多为大型成熟企业，具有较大的资本规模以及稳定的盈利能力。

二板市场

二板市场又称“第二板”，主要针对中小成长型新兴公司而设立。它的明确定位是为具有高成长性的中小企业和高科技企业提供融资服务，是一条中小企业的直接融资渠道。

二板市场是不同于主板市场的独特的资本市场，其功能主要表现在两个方面：一是作为资本市场所固有的功能，包括优化资源配置、促进产业升级等作用；二是在风险投资机制中承担风险资本的退出窗口作用。

与主板市场相比，二板市场具有前瞻性、高风险、监管要求严格、具有明显的高技术产业导向等特点。二板市场上市要求通常比“一板”市场相对宽松一些。

国际上最有名的二板市场是美国纳斯达克市场。

三板市场

三板市场这一名字为业界俗称，其正式名称是“代办股份转让系统”，于2001 年 7 月 16 日由中国证券业协会批准正式开办。

三板市场发挥了证券公司的中介机构作用，其充分利用了代办股份转让系统现有的证券公司网点体系，方便投资者的股份转让，为投资者提供高效率、标准化的登记和结算服务，保障转让秩序，依托代办股份转让系统的技术服务系统，避免系统的重复建设，降低市场运行成本和风险，减轻市场参与者的费用负担。

作为中国多层次证券市场体系的一部分，三板市场一方面为退市后的上市公司股份提供继续流通的场所，另一方面也解决了原“两网”系统历史遗留的数家企业法人股的流通问题。

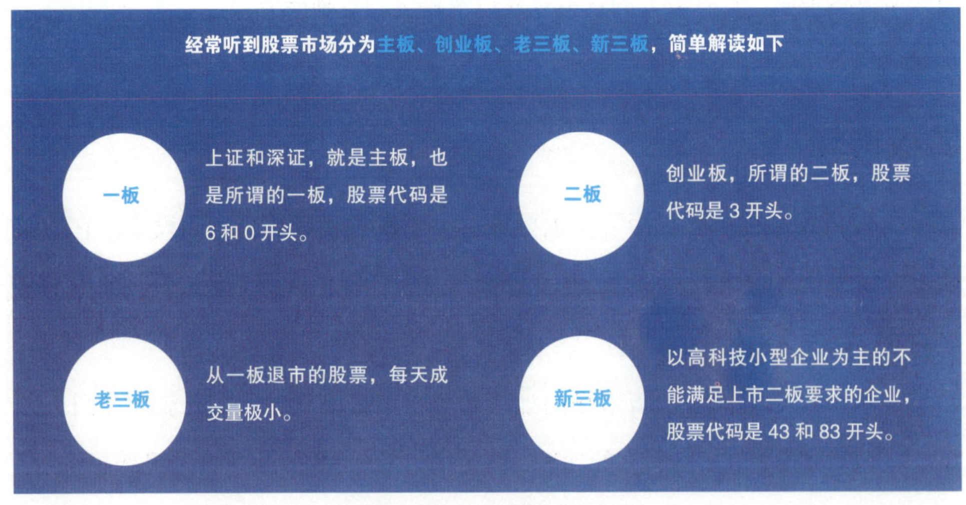

一板、二板、三板简单解读

广发证券、兴业证券获批代办券商资格成为三板市场加速前进的里程碑。代办券商数量的增加有效完善了三板市场覆盖全国的交易网络，交易品种和投资者的数量也将大大增加。

一旦三板市场的制度建设趋于成熟，其将实现代办转让系统向真正意义上的“三板市场”的转变。未来，新三板将迎来“井喷式”的发展。

老三板和新三板有哪些区别

前面已知，三板市场有“新”“老”之分，那么，新三板和老三板之间到底有什么区别呢？

1. 功能定位的区别

从功能定位上来区分，老三板的定位是为解决法人股流通问题而设立的一个交易平台，而新三板除了拥有此功能之外还兼具私募融资的功能。

2. 参与主体的区别

从它们各自参与的主体来看，在老三板挂牌交易的公司都是公众公司，而且都是经过合法的公开发行程序并且符合我国证券发行资质的相关规定而挂牌的公司。

而新三板的挂牌公司则是非公众公司，无须经过公开发行程序，只要符合新三板规定的挂牌条件即可。

3. 交易制度的区别

两者间的交易制度也有所差别，老三板的交易制度都是按照主板的竞价系统方式进行配对成交的，同时老三板也是根据股份转让公司的质量实行股份分类转让制度，并根据挂牌公司的净资产情况分别实行每周一次、三次和五次的转让方式，涨停板最高限制为 5% 。

而新三板的交易制度则与美国纳斯达克场外交易市场模式类似，其实行券商委托报价和配对成交。一般在新三板成交的投资者，通常是在线下完成价格磋商后，然后才在新三板系统完成确认的。

4. 信息披露的区别

老三板的挂牌公司是经过严格筛选的发行上市的公众公司，其信息披露原则是按照首次公开发行上市的相关法律法规的规定来执行的。

而新三板挂牌公司的信息披露标准则要低于老三板上市公司的标准，主要表现在以下几个方面：①为了鼓励挂牌的企业多披露一些更充分的信息，新三板企业财务信息方面只需披露资产负债表、利润表及其主要的项目附注；②新三板企业年度财务报告只需会计师事务所审计即可；③新三板企业只需要披露最近两年的财务报告；④为了鼓励新三板企业披露季度报告，新三板企业只要披露首次挂牌的报价转让报告、后续的年度报告和半年度报告；⑤与上市公司不同，新三板企业只需要在发生对股份转让价格有重大影响的事项时披露临时报告，而无须在发生达到一定数量标准的交易就须披露临时报告。

新三板与产权交易市场的区别在哪里

新三板与产权交易市场并不具备显著的相同点，而两者间的区别在多个方面都有所体现，具体介绍如下。

1. 挂牌公司不同

新三板的挂牌公司一定是符合条件的非上市股份有限公司。

而产权交易市场的交易主体并无此要求，有限公司、股份公司，甚至是拥有经营性国有资产的事业单位，都可以成为产权交易市场的交易主体。

2. 交易标的不同

新三板是纯粹的股权交易平台，其交易标的是非上市股份有限公司的股权。

而产权交易市场则没有区分资产与股权的概念，其交易标的包含股权，也涉及知识产权、技术产权、金融业产权等企业资产。所以从严格意义上来讲，产权交易市场并不能被视为我国的证券市场的一部分，目前只能将其归为“场外交易市场”。

3. 交易制度不同

新三板的交易制度是由买卖双方在协商议价后，再通过证券公司的委托报价和深圳证券交易所的清算进行交割，从而完成交易的。

而产权交易市场实际上并不存在交易系统，也不需要线上交易，只需要在监管部门的督导下完成产权交易即可。

4. 管理机构不同

新三板目前由中国证券业协会监管；产权交易市场则由地方的国有资产管理部门负责监管。

5. 交易监管规则不同

新三板的监管规则在挂牌公司信息披露、治理结构、财务数据等方面都比照了上市公司的要求，只是在具体标准上有所降低。

而产权交易市场的监管规则是由各地主管部门制订的，通常没有太多的限制，只是对国有资产的转让方面具有严格的评估标准和评估程序。

知识链接 **新三板、天津股权交易中心、上海股权交易中心的对比**

下表分别从挂牌公司基本条件和挂牌程序两个方面对新三板市场、天津股权交易中心以及上海股权交易中心进行了详细的对比。

新三板市场、天津股权交易中心、上海股权交易中心的挂牌条件和挂牌程序

	新三板市场	天津股权交易中心	上海股权交易中心
所属区域	扩容前，新三板市场要求的挂牌企业必须位于国家级科技园内，扩容开闸后将逐渐扩展面向全国所有类型的企业	无特殊要求	无特殊要求
存续年限	依法设立且存续满 2 年	规范经营不少于 1 年	注册资本中存在非货币出资的，应设立满一个会计年度
业务要求	业务明确	主营业务完整、突出	业务基本独立
持续经营能力	具有持续经营能力	活跃、持续的经营业务记录	具有持续经营能力
治理结构	企业治理机构健全，且合法规范经营	企业治理结构健全，核心高级管理层人员稳定，内部管理制度完善	企业治理机构健全，且运作规范
股权要求	股权明晰，股票发行和转让行为合法合规	相关企业任何一个股东的最少持股数量不得低于公司总股本的 1/200	股份的发行和转让行为合法合规

	新三板	天津股权交易所	上海股权托管交易中心
推荐机构	在全国股份转让系统公司备案的主办券商	取得天津股权交易所报价商业（务）资格或者属于银行、证券及信托类企业	经国家金融管理部门依法批准设立的证券公司、银行等金融机构或经由上海股权托管交易中心认定的投资机构
审批机关	由全国中小企业股份转让系统有限责任公司审查及中国证监会核准	由天津股权交易所审核，并报备天津市金融办备案	由上海股权托管交易中心审核，并报备上海市金融办备案

如何参与新三板

最受上市公司青睐的新三板企业有哪些?

新三板作为具备创新能力和活力的资本市场，其中有哪些最具投资价值的新三板挂牌企业呢？投资人又该如何挖掘到这些企业呢？下表是通过互联网周刊进行整理的2015年度最具投资价值的新三板企业TOP 10。

2015年度最具投资价值的新三板企业TOP 10

序号	公司代码	公司简称	创新性	成长性	综合评分
1	430719	九鼎投资	91.16	94.58	92.87
2	430130	卡联科技	91.26	94.19	92.73
3	430002	中科软	91.89	93.42	92.66
4	430240	随视传媒	90.56	94.28	92.42
5	430065	中海阳	90.62	93.56	92.09
6	430323	天阶生物	90.98	93.13	92.06
7	430005	原子高科	91.64	91.25	91.45
8	830855	盈谷股份	90.62	92.19	91.41
9	430305	维珍创意	90.01	92.75	91.38
10	430057	清畅电力	89.64	92.98	91.31

投资者投资新三板的门槛是什么?

虽然新三板发展势头迅猛，但是普通的投资者还是很难像在沪深交易所那样，自由去买卖里面挂牌企业的股票。根据现行办法，新三板对个人投资者设有以下两种门槛。

第一种：投资者本人名下前一交易日日终证券类资产市值在500万元人民币以上。证券类资产包括客户交易结算资金、股票、基金、债券、券商集合理财产品等，信用证券账户资产除外。

第二种：需要两年以上证券投资经验，或者具有会计、金融、投资、财经等相关专业背景。时间以投资者本人名下账户在全国中小企业股份转让系统、上海证券交易所或深圳证券交易所发生首笔股票交易之日为投资经验的起算时点。

企业开户新三板应具备哪些条件?

全国股份转让系统是公众市场，但由于大多数挂牌企业仍处于创业或快速成长阶段，投资风险相对较大。为防止风险外溢，全国股份转让系统实行了比较严格的投资者准入制度，只有符合适当性要求的投资者才被允许参与挂牌证券买卖。具备以下条件之一，才能参与全国股份转让系统（新三板）挂牌证券买卖。

（1）注册资本 500 万元人民币以上的法人机构。

（2）实缴出资总额 500 万元人民币以上的合伙企业。

（3）集合信托计划、证券投资基金、银行理财产品、证券公司资产管理计划，以及由金融机构或者相关监管部门认可的其他机构管理的金融产品或资产，可以申请参与挂牌公司股票公开转让。

投资者如何参与新三板交易?

投资者参与新三板交易主要分以下两个步骤。

步骤一：选择一家从事全国中小股份转让系统经纪业务的主办券商。

步骤二：向主办券商提供满足新三板投资要求的证明材料，并和主办券商签署《买卖挂牌公司股票委托代理协议》和《挂牌公司股票公开转让特别风险揭示书》等相关文件。

新三板投资最佳介入时点

根据新三板现行交易规则，挂牌公司的投资介入时点有以下四类。

（1）挂牌前自行联系股东入股。

（2）在挂牌后做市前这一时间段内通过协议转让 / 定增入股。

（3）公告由协议转让变更为做市转让后两个交易日内入股。

从理论上来说，在挂牌企业公告变更为做市转让后两个交易日介入，将兼具投资收益与流动性，是最佳的投资介入点。详见 2015 年 1 月 4 日发布的新三板周报《时不待我——新三板最佳投资介入时点分析》。

（4）正式做市转让后从做市商手中购买。

第二章 新三板挂牌的条件与程序

国务院颁布《关于中小企业股份转让系统有关问题的决定》（国发【2013】49号），规定境内符合条件的股份公司均可通过主办券商申请在全国股份转让系统挂牌，公开转让股份。至此新三板扩容问题尘埃落定，并在全国范围内迅速展开。

那么，新三板挂牌需要什么条件？挂牌的流程是什么？什么样的企业适合在新三板挂牌？挂牌新三板存在哪些好处和弊端呢？此章将对上述问题一一进行解读，以供众多拟挂牌企业参考。

新三板挂牌的基本条件

2013年12月30日，全国中小企业股份转让系统公司修订了年初发布的《全国中小企业股份转让系统业务规则（试行）》（以下简称《业务规则》）。相对于主板、中小板、创业板来说，新修改的挂牌条件对企业在新三板挂牌显示出了极大的包容性。即便如此，也不代表所有的企业都可以挂牌新三板，那么企业在新三板挂牌上市的条件是什么呢？

1. 存续满两年

存续满两年是指存续两个完整的会计年度。那么这两个会计年度该如何理解呢？

新三板挂牌条件中明确要求拟挂牌企业存续时间应当满两个完整会计年度（每年的1月1日至12月31日）。也就是说如果企业2014年9月1日拟操作挂牌，那么企业成立时间不得晚于2012年1月1日。

此外，如果公司成立于2013年1月1日，并且于2015年2月份完成2014年度财务报表审计，则可以直接申报新三板挂牌，无须等到2015年一季度财务报表出来后再申报，即最近一期财务报表不强制要求为季度、半年度或年度报表。

除此之外，还应该注意的是，财务报表的有效期是六个月，股转系统（新三板）要求申报企业至少给其留出两个月的审核时间。因此拟挂牌企业申报时距其最近一期财务报表有效期截止日不能少于两个月，否则股转系统（新三板）会直接要求企业加审。

2. 主营业务明确，具有持续经营能力

主营业务明确，是指公司能够明确、具体地阐述其所经营的业务、产品或用途及其商业模式等信息。

持续经营能力，是指公司基于报告期内的生产经营状况，在可预见的将来，有能力按照既定目标持续经营下去。这一时期，拟挂牌的企业应提供持续的营运记录。营运记录内容需包括现金流量、营业收入、交易客户、研发费用支出等信息。

3. 合法合规经营，治理机制健全

合法合规经营，是指公司及其控股股东、实际控制人、董事、监事、高级管理人员须依法开展经营活动，其经营行为必须合法、合规，不能存在被行政处罚、没收违法所得、没收非法财物等重大违法违规情形。但处罚机关依法认定不属于的除外。

此外，还应该注意的是，公司报告期内不应存在股东（包括控股股东、实

际控制人及其关联方）占用公司资金、资产或其他资源的情形发生。如果存在，应在申请挂牌前予以归还或规范，否则将免除企业申请资格。

企业治理机制健全，是指企业按规定建立股东大会、董事会、监事会以及高级管理层组成的公司管理架构。这一类人群属于企业的决策层，由其制定相应的公司治理制度，保证企业的有效运行，保护企业的合法权益。

除此之外，企业还应设有独立财务部门进行独立的财务会计核算。相关会计政策能如实反映企业财务状况、经营成果和现金流量。这也是挂牌新三板至关重要的一个环节。

4. 股权明晰，股票发行和转让行为合法合规

股权明晰，是指公司的股权结构清晰、权属分明、合法合规、真实确定。

此外，控股股东、实际控制人及其关联股东或实际支配的股东在持有企业的股份时，不应存在权属争议或潜在纠纷。

股票发行和转让合法合规，是指公司的股票发行和转让应依法履行内部决议、外部审批（如有）程序，使股票转让行为符合限售的规定。

此外，需注意的是，在区域股权市场及其他交易市场进行权益转让的公司，申请股票在全国股份转让系统挂牌前的发行和转让等行为应合法合规。

5. 主办券商推荐并持续督导

众所周知，主办券商制度的核心安排，就是主办券商不仅要负责推荐企业挂牌，而且要在推荐企业挂牌后，提升企业内在价值，为企业提供持续的督导与服务。

持续督导的主办券商制度对完善拟挂牌企业治理结构、提高企业规范运作水平、增强市场信心、保护投资者的合法权益具有重要作用。

那么，主办券商的持续督导工作应从哪些方面入手呢？

（1）主办券商推荐拟挂牌企业，双方签署《推荐挂牌并持续督导协议》。

（2）主办券商应完成尽职调查和内核程序，对拟挂牌企业是否符合挂牌条件发表独立意见，并出具推荐报告。

主办券商持续督导若不到位，不仅直接影响挂牌公司质量的提升，而且也将影响整个“三板”市场的健康发展。

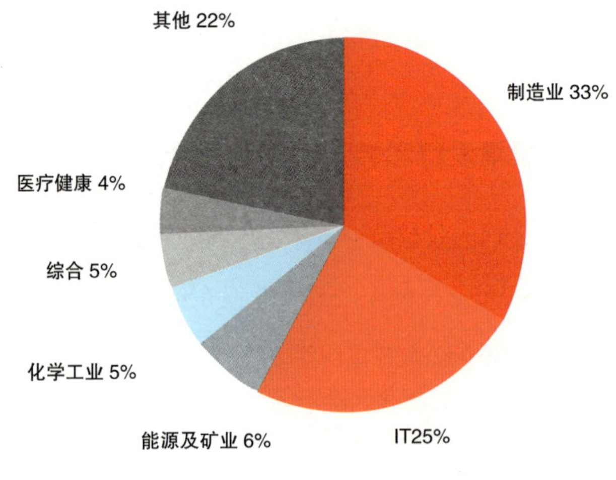

已挂牌公司行业分析

新三板挂牌上市的流程

企业从决定进驻新三板，到最终成功挂牌，中间需要经过一系列的流程，具体介绍如下。

1. 股份制改造

新三板所谓的非上市的公众公司，就是股份公司，有限公司要挂牌，必须改制为股份公司。根据《试点办法》的要求，拟挂牌公司首先需要启动股改程序，即应以股改基准日经审计的净资产值整体折股。

2. 主办券商尽职调查

尽职调查是指主办券商通过实地考察等方法，对拟挂牌公司进行调查，有充分理由确信企业符合试点办法规定的挂牌条件以及推荐挂牌备案文件有真实、准确、完整的过程。

主办券商针对拟挂牌公司设立专门的项目小组，项目小组以财务、法律和行业三个方面为中心（组员至少包括项目小组负责人，注册会计师、律师和行业分析师各一名）开展对拟挂牌企业内部控制、财务风险、会计政策稳健性、持续经营能力、企业治理和合法合规等事项的尽职调查，并复核《资产评估报告》《审计报告》《法律意见书》等文件。

根据《主办券商尽职调查工作指引》，发现问题，梳理问题，理顺关系，与拟挂牌公司、中介机构通力合作，彻底解决拟挂牌公司历史上存在的诸如出资瑕疵、关联交易、同业竞争等问题，把握企业的营利模式、市场定位、核心竞争力、可持续正常潜力等亮点，帮助拟挂牌企业树立正确的上市和资本运作观念，建立健全企业法人治理结构，规范企业运作。

3. 证券公司内核

证券公司内核是新三板挂牌流程中至关重要的一环。主办券商（新三板）业务内核委员会对前述项目小组完成的《股份报价转让说明书》及《尽职调查报告》等相关备案文件进行审核，出具审核意见。

对于仍需调查或整改的拟挂牌企业，需在项目小组的监督下按照《尽职调查工作指引》等要求对所属企业进行整改。

最后，主办券商（新三板）内核委员会审议拟挂牌公司的书面备案文件，并决定是否向协会推荐挂牌。

4. 报监管机构审核

报监管机构审核是新三板挂牌的决定性阶段。通过内核后，主办券商将备案文件上报至协会，协会决定受理的，会向其出具受理通知书。

自受理之日起 50 个工作日内，监管机构会对备案文件进行审查，核查拟挂牌公司是否符合新三板试点办法和挂牌规则等规定，如有异议会向主办券商提出书面或口头的反馈意见，由主办券商进行答复。

此外，需注意的是，协会要求主办券商对备案文件予以补充或修改的，受理文件时间自协会收到主办券商的补充或修改意见的下一个工作日起重新计算。

协会对备案文件经多次反馈仍有异议，决定不予备案的，应向主办券商出具书面通知并说明原因。

协会无异议的，则直接向主办券商出具备案确认函。

5. 股份登记和托管

股份登记和托管是新三板挂牌上市的最后一个环节。推荐主办券商取得协会备案确认函后，将辅助拟挂牌公司在挂牌前与中国证券登记结算有限责任公司签订证券登记服务协议，办理全部股份的集中登记。

依据《试点办法》的要求，投资者持有的拟挂牌公司的股份应当托管在主办券商处，即初始登记的股份应托管在主办券商处。

综合来看，新三板的挂牌速度较快，全部流程预计需要半年左右的时间。通常意义上讲，主办券商进场尽职调查及内核需要 1 至 2 个月的时间；协会审查（包括反馈时间）需要 2 个月左右的时间；随后便可经协会核准并进行股份登记挂牌。当然，如果企业自身存在法律或财务等某方面的障碍需要整改的，所用时间会随着整改进度而有所调整。

新三板为迎合中小企业成长发展的融资需求而创设，发展初期以备案制和简便的挂牌流程而引领风骚，随着经验的积累和技术的发展，其发展前景也不会仅仅局限于一时的“惹火”，而是会越走越远，造福更多的中小企业！

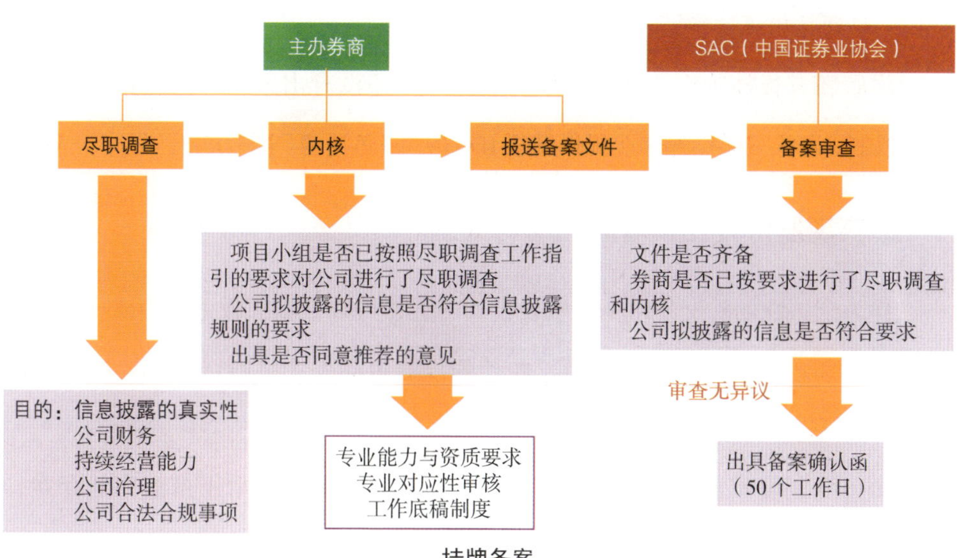

挂牌备案

新三板挂牌的好处与弊端

新三板对于挂牌企业的好处

从理论上讲，挂牌新三板对企业应该是好处为主，风险为辅的，那么，新三板对于挂牌企业来说，到底有何利与弊呢？下面介绍一下挂牌新三板的好处有哪些？

1. 首次公开募股（转板 IPO）

要讨论企业挂牌新三板的好处，就不得不提转板 IPO。对怀揣上市梦想的企业来说，转板 IPO 是最大的吸引力，也是对企业挂牌所赢得的最大价值。

作为多层次资本市场的一部分，新三板具有对接主板和创业板市场的功能定位，是通往更高层次资本市场的“绿色通道”。

尽管新三板挂牌企业转板 IPO 的具体细则还没有出来，但在两者之间搭建转板机制，为新三板挂牌企业提供转板 IPO 的“绿色通道”这一点，已经十分明确。

2. 实现股份转让和增值

作为全国性场外交易市场，股份公司的股份可以在新三板上自由流通。

挂牌前，企业缺钱只能去借，而挂牌以后再需要用钱时，只需要出售一部分股权就可以了。

做市商制度实行以后，这种交易将会越来越便利。而由于市盈率的存在，在交易时，企业还将获得不小的溢价。挂牌公司获得了流动性溢价，估值水平相较于挂牌前会有明显的提升。

此外，随着新三板挂牌企业数量的增加，更多的风投、私募股权投资（PE）将新三板列入拟投资的数据库中，甚至有专门的新三板投资基金、并购基金出现。金融机构更认可股权的市场价值，进而获得股份抵押贷款等融资便利。

挂牌新三板之前，企业到底值多少钱，并没有一个公允的数值。但在企业挂牌之后，市场会对企业给出一个估值，并将有一个市盈率。

3. 提高综合融资能力

融资方式有股权融资和债权融资之分，两者各有特点、各有优势。

有些企业挂牌新三板后，就会有银行主动找来，说可以提供贷款，因为此时企业的股权可以质押了。

企业挂牌新三板后，可根据其业务发展需要，在全国性场外市场通过公司债、可转债、中小企业私募债等方式进行债权融资。

此外，企业成功挂牌新三板，是一种非常积极的信号。银行对于这样的企业，是非常愿意增加授信并提供贷款的，这也为企业融资提供了便利。

4. 获取更多发展资源

中小企业发展中面临的最大困难之一就是融资，而融资遇到的第一个“难中之难”，就是如何吸引和联系投资人。企业挂牌新三板之后，增加了自己的曝光机会，能够吸引到全国优秀私募股权投资基金、风险投资基金等投资机构以及优质供应商和客户的关注，从而能够为企业在资金、管理、人才、品牌、渠道和经营理念等方面提供全面服务，从而拓展企业的发展空间。

5. 提升公司治理规范度

为了挂牌新三板，企业需要进行股份制改造，从而构建了规范的现代化治理结构。

中小企业挂牌过程中，在券商、律师事务所、会计师事务所等专业中介机构的介入下，企业可以初步建立起现代企业治理和管理机制；挂牌后，企业会在主办券商的持续督导和证监会及全国股份转让系统的监管下规范运营。

一个新三板挂牌过程，就是一个简版的IPO。在这个过程中，企业潜藏的瑕疵和风险将得到解决，规范的治理结构将得以建立。因此挂牌新三板可有效促进企业持续健康发展。

6. 品牌效应

挂牌新三板后，企业就成了非上市公众公司，会获得一个6位的以4或8开头的挂牌代码，还有一个企业简称。以后企业的很多信息都要公开。但与此同时，企业的影响和知名度也在不断扩大，有利于企业实现持续快速发展。

7. 定向增发

挂牌后的企业可通过股权转让的方式进行融资，即用股东原来手里的股权（属于存量）进行转让。如果股东不愿意用这种方式，还可以采用定向增发的方式。

所谓的定向增发是指，原股东不用出让股权，但每人手里的股权会被稀释。

与股权转让不同的是，定向增发是在原股东不变的情况下，增加新的股东。

8. 挂牌成本低

中小企业由于成立时间短、历史沿革简单、规模较小，且中介机构主要看重公司转板的后续业务，一般收费等于或者略高于公司所在地政府补贴，公司支付的成本有限。

而目前 A 股上市在预披露招股书至证监会审核通过这段时间，媒体会就公司可能存在的问题进行报道，在没有深入调查的情况下亦会出现负面报道，甚至形成了产业链，媒体公关费用少则几百万多则上千万。

而挂牌企业进入新三板系统后，即提前进入了公众视线，经过更长时间的运营及媒体的淡化，在新三板挂牌的企业可以有效地化解一些媒体的片面报道等影响审核的因素，从而降低媒体公关成本及风险。

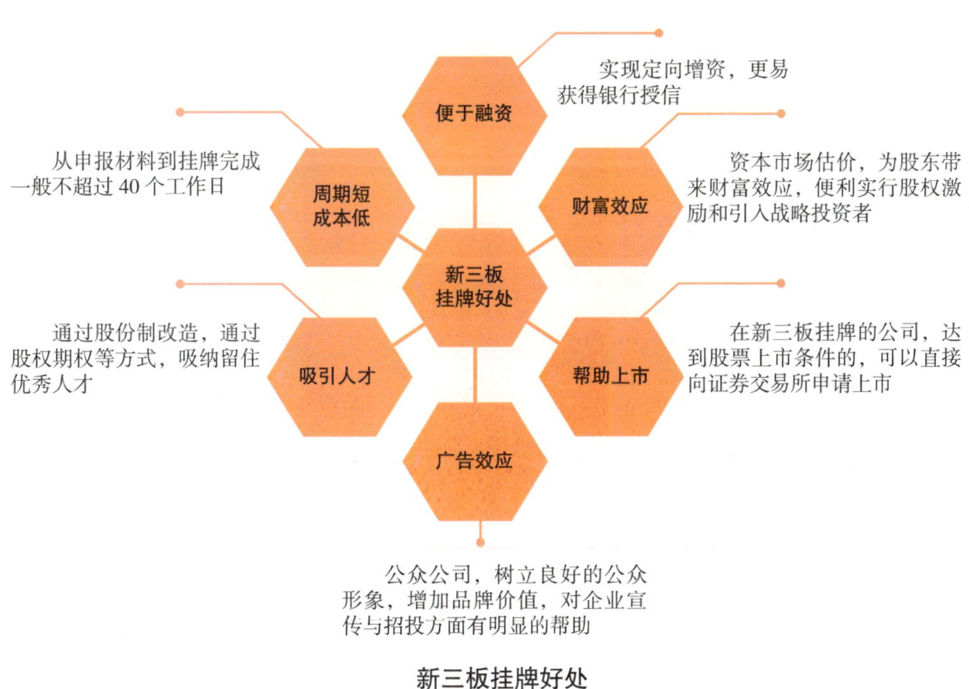

新三板挂牌好处

新三板对于挂牌企业的弊端

虽然挂牌新三板对企业有诸多好处，但凡事有利必有弊，企业挂牌新三板要付出哪些“代价”，管理者们也要清楚知道。

1. 成本增加

挂牌企业要按照全国股转系统规则要求进行公司治理，做到人员、资产、财务、机构及业务部门分开独立。

此外，还要在原公司的基础上，聘用财务总监、董事会秘书等职位。挂牌新三板后，财务规范了，税收增加了，管理成本也增加了。同时要考虑每年增加的券商持续督导费用、审计师费用、律师费等。

所以，在挂牌新三板前，企业一定要对自己的“实力”有一个准确的分析，以免后期成本过高，超过预期。

2. 管理决策发生变动

由私人公司变为非上市公众公司，企业的决策人员也会发生质的变化。

过去是小企业，管理、经营企业老板自己说了算，决策是一道“圣旨”下了，下面马上执行。

而挂牌新三板的企业的经营管理需要董事会决策，重大事项要上股东大会，财务要公开，将彻底颠覆原企业“独裁”的局面。而越多的股东参与企业的决策权，也会因“人多嘴杂”为企业未来的发展带来不便。

3. 企业将不再有秘密可言了

企业挂牌新三板后，作为公众公司，要做到财务公开，履行完备的信息披露义务，接受第三方监管，企业的经营状况、盈利水平都处于外界关注之中。企业难以通过调整报表来降低经营业绩的波动。一方面，信息公开对公司的经营管理层带来压力，督促企业规范公司治理。另一方面，成为公众公司后，企业的客户、经营情况、商业模式、财务状况等一举一动全都暴露在竞争对手、供应商和客户面前，企业再无秘密可言。

4. 转板不灵活

企业如果不在新三板挂牌，在 IPO 时，多数企业会在中介机构的建议下，进行一定程度的调整和包装。

但在新三板挂牌后，财务报告、经营状况等都要公开披露，这些信息公开后是无法更改的，这就降低了企业今后在创业板或中小板上市的灵活性。

5. 存在控制权流失的风险

企业在新三板挂牌后，股权的流动性大增，而且此时股权可以拆细交易，所以相对控制权的流失风险比一般接受 PE 投资的风险要大。

什么样的企业适合在新三板挂牌

新三板开闸扩容以来，各类企业“闻风而动”，甚至连一些原本在IPO排队的企业在“等待无望”的情况下，也将目光投向准入门槛较低的新三板市场。

全国股转系统的调查显示，截至2015年5月底，已经有770多家企业在新三板挂牌，排队家数则超过300家，新三板俨然成为吸引中小企业奔赴资本市场的热土。

虽然新三板的准入门槛很低，但低门槛不意味着没门槛，也不代表所有的公司都适合在新三板挂牌。

企业在新三板挂牌，必须结合企业自身的发展战略规划，深刻认知新三板的特点和市场地位，才能真正发挥新三板的挂牌价值。从目前新三板市场的特点看，除满足新三板挂牌的最基本要求外，以下八类企业最适宜在新三板挂牌。

1. 技术含量高、处于初创期的企业

高科技企业在成长过程中往往伴随着高风险，很多诸如生物医药、互联网、信息技术等行业的企业，初创时期是不赚钱的，没有一定的资金支持，企业往往

在初创期就夭折了。如果这类企业挂牌新三板，就能通过定向增资募集到扩产所需的资金，从而进一步打开公司的经营局面，实现盈利。

如果企业发展潜力较好，还能通过新三板的公众平台吸引更多创投资金，为后续发展打下坚实的根基。

2. 具备一定盈利能力却有发展瓶颈的企业

企业经过初创期后，要经历三至五年的发展期。这一时期的企业具有相对稳定的市场地位，在面临良好的市场机遇时，企业的发展诉求非常强烈。而这种诉求一方面源自资金，一方面源自战略转型。

这类企业挂牌新三板市场后，一方面可以通过定向发行股票、优先股、私募债、可转债等融资手段募集实现规模化扩张的资金，从而扩大市场份额。而另一方面，这类企业也可以以新三板挂牌为契机，规范企业内部运作，履行公众公司信息披露义务，让公司迈向新的成长阶段。

3. 未来两至三年有上市计划的企业

与主板、创业板相同，新三板同样需接受证监会的监管。

一方面，计划上市的企业在新三板挂牌后，能提前规范企业的财务、业务、公司治理等问题，并在充分披露信息的基础上，择机转板。

另一方面，挂牌后的企业可以成为公众公司，其财务数据和经营状况更早地暴露在媒体和公众面前，这有利于公司树立阳光、透明的公众形象，为公司未来成功上市赢取“印象分”。

2013 年 12 月国务院颁布的《关于全国中小企业股份转让系统有关问题的决定》（国发〔2013〕49 号文）则明确提出在全国股份转让系统挂牌的公司，达到股票上市条件的，可以直接向证券交易所申请上市交易。

4. 受 IPO 政策限定暂时难以上市的企业

对于一些发展较为稳定，也具有较强的盈利能力，但由于行业属性等原因，如城市商业银行、担保公司、小额贷款公司、PE 管理机构等，因受 IPO 政策的限定，暂时难以上市，但这类企业又希望借助资本市场的平台，来提高企业产品品牌、影响力和知名度。这类型的企业，即可借助挂牌新三板谋求进一步发展的机会。

5. 寻求并购和被并购机会的企业

美国著名经济学家斯蒂格勒评价美国企业的成长路径时说："没有一个美国大公司不是通过某种程度、某种形式的兼并成长起来的，几乎没有一家公司主要是靠内部扩张成长起来的。"美国企业的成长历史，实际上也是企业不断被并购的过程。

随着国内经济的发展和产业升级转型，兼并收购和产业整合的新浪潮已经不可避免。企业除了增强自身的市场竞争力外，还可以通过并购重组的方式来实现自身业务驱动的外延扩张或攀附上市。

这类企业在新三板经过挂牌辅导后，其治理结构、财务规范程度都比普通企业要强得多，并购重组耗费成本因而相对低廉。

6. 尚未盈利的互联网企业

由于 A 股估值总体比境外高，这对互联网企业来说是重大利好，更多互联网企业可以通过新三板挂牌在境内上

市，获得较高的估值，而投资机构也多了个退出通道。

党的十八届三中全会提出的要健全多层次资本市场体系，随着《证券法》的修改、股票发行注册制的改革以及“做市商”制度的推行，我国的资本市场未来将迎来更好的发展机遇，新三板作为我国多层次资本市场的重要组成部分，在中国经济转型和创新驱动的背景下，将展现出不可替代的战略价值，其发展前景值得期待。

7. 拟进行股权激励的企业

“阿里巴巴纽交所上市诞生数千名富豪员工”的神话让无数人对“别人家的公司”眼红不已，也让“股权激励”一词进入了企业家们的视野。

特别是对初创期中小企业而言，普遍存在薪酬水平低、对人才依赖度高的问题，这类企业更需要借助“股权激励”来留住人才。

而这类企业挂牌新三板，首先为员工股权提供了流动性，只有企业上市了、可以交易了，员工手里的股权才是有价值的、可变现的。

此外，相比A股而言，新三板挂牌下企业所持股的计划实施灵活性更高，由于没有专门的员工持股规定，挂牌公司主要还是遵循公司法、证券法及股权系统的相关规定，除了模拟上市公司实施期权激励、限制性股票激励的员工持股外，还可以通过定向增发实现员工持股。因此，对于有股权激励计划的企业，登陆新三板是不错的选择。

8. 有较强品牌宣传需求的企业

对于企业而言，可借助挂牌的契机进行一番品牌宣传，挂牌之后，就会有业绩说明会、定增路演等各类展示企业形象的机会。所以对那些有着强烈品牌宣传需求的企业来说，挂牌新三板尤为适合。

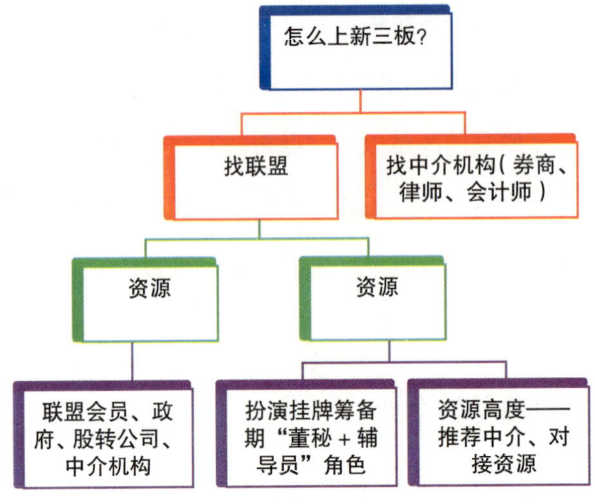
怎么上新三板?
找联盟
找中介机构(券商、律师、会计师)
资源
资源
联盟会员、政府、股转公司、中介机构
扮演挂牌筹备期“董秘+辅导员”角色
资源高度——推荐中介、对接资源

怎么上新三板

不适合新三板挂牌的四类企业

那么，有哪些企业是不适合在新三板挂牌的呢？

1. 科技含量低的传统型企业

企业在新三板挂牌的主要目的，是为了打通直接融资的通道，吸引产业资本的关注。

如果一家企业没有足够吸引力的核心竞争能力和成长空间，哪怕现阶段已经拥有不错的盈利，但到新三板挂牌也同样难拿到融资。

这是因为这类企业很难“取悦”二级市场投资人，通过交易获得估值溢价。因此，传统型的企业，比如那些从事代工的制造业企业，是不适合到新三板挂牌的。

2. 完全“见钱眼开”的公司

为了鼓励企业挂牌，不少地方政府都出台了诱人的补贴政策。这就让一些动机不纯的企业看到了“钱途”。通常来说，补贴扣掉中介费用还剩不少，这类企业就迫不及待地想要“钻入挂牌的空子”。

殊不知，地方政府“掏钱”也是要见到回报的。企业挂牌以后，每年的券商辅导费用也不是笔小数，这类企业“钻空子”的如意算盘很可能就此落空了。

还有那些以为上了新三板就能定向增发，大把融资拿到手的。要知道，上新三板跟 IPO 不一样，挂牌并不等于融资。

挂牌跟融资之间距离的远近，最终取决于企业自身的资质，而新三板只是充当了一个展示平台的作用。一些概念不新、资质较差的企业，即使成功挂牌了，也很难找到愿意“掏钱”买股份的投资者。所以，那些资质较差、动机不纯的企业不建议挂牌新三板。

3. 商业模式仍然需要打磨的企业

对于企业而言，挂牌新三板意味着全部信息的公开透明，即融资金额不能再虚报，财务表现也不能遮遮掩掩，公司的经营状况对于投资者和竞争者同样一目了然。

如此一来，对于那些商业模式仍然有待打磨，很多商业机密不适合过早公开的企业而言，需要慎重思量去新三板挂牌的决定。

4. 有更好出路的企业

虽然企业国外上市的成本不菲，将耗费大量人力、物力，但其上市回报可能要远远高于挂牌新三板。所以如果有资质可直接进行上市的企业，则不建议挂牌新三板。

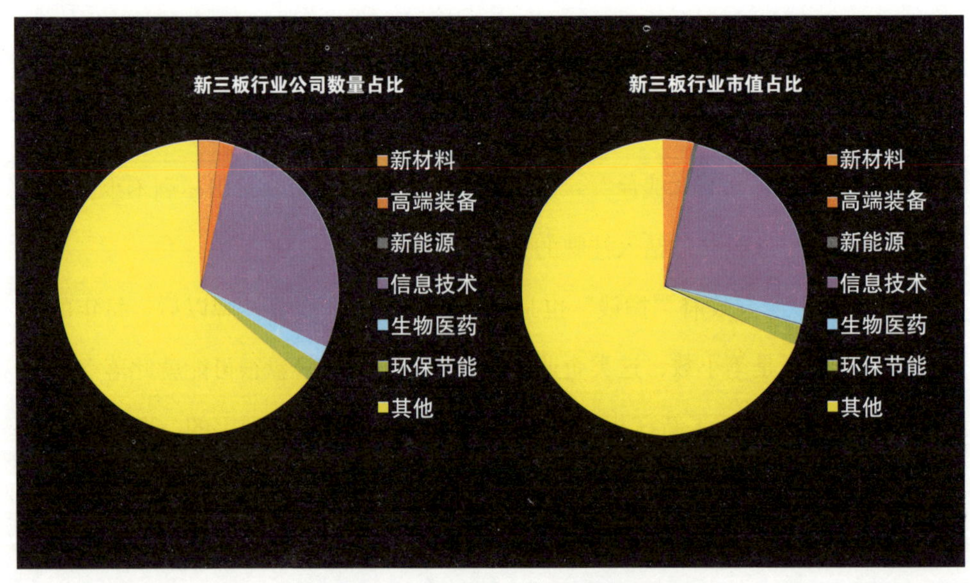

新三板行业公司数量占比和行业市值占比

第三章

企业股份制改制与重组

我国中小型企业大多是以有限责任公司形式存在的，而股份制改制是有限责任公司挂牌新三板的必经之路。

本章从新三板挂牌企业如何改制、新三板企业股份改制流程、新三板股权质押、上市公司股权质押设立后会存在的实务性问题等方面进行解析，为广大读者提供健全、完整的改制与重组方面的内容。希望每一个拟进行改制的企业都可以通过阅读本章后得到启示，从而加入新三板市场中。

新三板挂牌企业如何改制

随着新三板扩容在即，很多对新三板感兴趣的中小企业都在考虑一个实际问题，那就是如何通过企业改制来满足自己在新三板挂牌的条件。针对拟在新三板挂牌企业的改制筹划，应从以下几方面入手。

1. 明确企业改制的利弊

拟挂牌的企业在企业改制前需对改制后的利弊有所了解。

简单来说，企业改制的好处主要表现在以下几个方面：①可以解决中小企业普遍存在的融资难问题；②可提升企业的品牌和知名度；③可规范企业的内部治理结构。

而企业改制的弊端主要表现在以下几个方面：①企业要接受政府部门和外部力量的监督，在企业盈利的要求上也会有更大的压力；②对有些创始团队而言，改制还有可能损坏企业在人的基础上建立起来的团队凝聚力。

2. 主体资格的确认

企业改制是为了挂牌新三板，那么就有必要了解什么样的企业才可以上新三板。

随着 2013 年 12 月 30 日全国股份转让系统发布新的业务规则，新三板正式结束了在国家高新园区内的小规模、区域性试点，市场服务范围覆盖已进入实质性操作阶段。这意味着凡在我国境内注册的符合挂牌条件的股份企业，经主办券商推荐均可提出挂牌申请。

3. 加强政府及专业机构的辅导

由于拟挂牌企业都是初创期的企业，一般存在公司规模小、管理混乱、财务基础薄弱等特定问题。加上新三板相对于创业板、中小板、主板而言是一个新生事物，在政府辅导、补贴、政策倾向等方面都有一些特殊规定。

所以拟挂牌企业一旦确定了改制目标，就需要积极地跟政府部门、中介机构联系，提前并有针对性地解决企业所存在的特定问题，以提高企业改制的效率。

4. 规范企业的治理结构

新三板要求企业治理结构规范，主要来说，要求相关企业设有“三会”，即股东会、董事会和监事会，且“三会”职责清晰，具有明确的议事规则。

此外，还要求相关企业建立相对完善的内部控制制度，建立严格的信息披露制度。

改制后，企业不再存在控股股东一人独大、董事会和监事会形同虚设的局面，也不会再存在财务制度不规范、用工制度不合法等初创期的企业普遍存在的现象。

5. 突出企业的主营业务

公司改制的一个重要任务就是突出拟挂牌企业的主营业务，且企业主营业务带来的收入和利润应占企业日常经营活动的比重较大。

企业可在改制过程中减少企业的多元化业务，将主营业务突出，来表示企业具有可持续经营的能力。

6. 应尽量避免企业与股东的关联交易和同业竞争

尽管新三板挂牌条件未明确要求，但企业与股东的关联交易和同业竞争等相关问题，可能会使监管审批部门对企业的持续经营能力做出消极的判断。

7. 企业之前的资金募集和资产重组行为符合法律规定

企业在改制前可能会有私募融资或其他资产重组的行为，但这些行为需通过改制进行修整。

新三板明确要求，拟挂牌企业的股份发行和转让行为必须合法、合规。

8. 企业的财务会计制度符合会计准则

财务会计的调整往往是整个改制过程中最为烦琐也最为重要的环节。

《企业会计准则》规定："要确定企业的营业收入和利润，要对已售出商品做如下判断：企业已经将商品所有权上的所有风险和主要报酬转移给供货方；企业既没有保留通常与所有权相联系的继续管理权，也没有对已售出商品实施控制；与交易相关的利益能够流入企业；相关的收入和成本能够可靠地计量。"企业需通过改制来审计确定的已实现利润数。

总之，企业改制对每个拟在新三板挂牌的企业都既有机遇，也有风险，需要企业谨慎思考，抓住核心问题，加强对企业的业务发展战略、财务内控制度、资本运营战略等方面的长远规划。

企业针对新三板的股份制改造流程

拟上新三板的公司多数都是有限责任公司，而有限责任公司想要挂牌新三板就必须按照相关要求对企业进行股份制改制。按照《公司法》的规定，有限责任公司变更为股份有限公司，除应当符合该法规定的股份有限公司的条件之外，还需严格按照《公司法》及相关法律、行政法规、司法解释等规定的程序进行。有限责任公司进行股份制改制的基本程序如下。

准备阶段

（1）准备拟改制挂牌企业的历史沿革资料，梳理企业的历史沿革。

企业在中介机构的指导下，需准备以下与历史沿革相关的资料：自企业成立以来历次股东会、董事会决议及会议记录；整理历次公司股权变更、登记变更时的相关机构的批准文件（如有）；整理历届股东、董事、监事、高级管理人员简历等资料，以及到工商行政管理部门查询、打印企业注册登记的全套资料。

企业及中介机构在上述材料的基础上梳理企业的历史沿革，分析企业设立、变更程序的合规性及公司股东、董事、监事及高级管理人员任职的适格性。

除此之外，企业及中介机构应将历次股权变更工商记录与审计报告、验资报告、评估报告（如有）及公司财务资料进行比较，询问财务人员，分析股东出资是否及时到位，出资方式是否符合有关法律、法规的规定。

（2）准备财务资料，进行清产核资，规范报告期会计核算。

这一阶段的主要工作内容包括：

1）企业会计人员应当整理企业报告期及期初的全部财务资料，包括企业出资、投资、长期资产购置、长期债务、并购重组等业务入账及后续会计核算的财务资料，以及会计报表、账簿、会计凭证、纳税报表及凭证等。

2）企业会计人员应当盘点、清查公司财务，进行账实核对，往来账项核对。在盘点、核对的基础上，企业应对盘盈盘亏、废旧毁损财务、坏账等进行财务处理，追回企业被违规占用的资金及资产。

3）企业会计人员与中介机构财务人员共同分析报告期内企业财务基础是否健全，期初数据是否真实，报告期会计处理是否规范，会计资料是否完整。如存在因会计基础薄弱（如账表不符、账证不符、账实不符、多套账等）导致财务数据失实的情形，企业应当考虑进行账务整改，形成一套以原始凭证为依据，符合会计准则的财务资料。

4）企业会计人员应当整理企业对外投资的财务资料，梳理对外投资关系，协调整理纳入合并报表范围子公司的财务资料。

需要注意的是，纳入合并报表子公司的财务规范要求适用于拟挂牌母公司的标准。

5）企业会计人员在中介机构的指导下，梳理企业报告期关联方、关联关系以及存在的关联交易，分析关联交易的决策程序的规范性、存在的必要性及交易价格的公允性。

6）企业会计人员应协调企业业务人员整理公司报告期内重大合同，初步分析合同的执行情况，并综合研发支出、生产能力、偿债能力等因素，分析企业的可持续经营能力。

（3）准备对外投资相关资料，梳理企业对外投资情况。

此阶段企业相关工作人员应当整理对外投资的相关资料，如公司对外投资的决策文件、批复文件、备案登记文件，并结合财务资料梳理企业对外投资关系；协调子公司打印工商登记资料，梳理子公司的历史沿革，了解其设立、变更的规范性，出资的真实性等情况。

（4）整理拟改制挂牌企业关联方的相关资料，梳理关联方关系，分析企业是否存在同业竞争。

此阶段企业应当在律师的指导下，认定拟改制挂牌企业的关联方，整理关联方的相关资料，梳理出企业的关联方关系。关注企业控股股东、实际控制人及其控制的其他企业，通过询问相关人员、查阅营业执照、实地走访生产或销售部门等方式，了解公司控股股东、实际控制人及其控制的其他企业是否与拟改制挂牌企业构成同业竞争。并了解同业竞争形成的原因、存在的必要性、对拟挂牌企业未来经营能力的影响，初步探讨避免同业竞争的可能方案。

（5）梳理企业业务流程，分析企业经营的合法性。

此阶段企业应当在律师的指导下，梳理公司的业务类型、各类业务的流程，整理企业各项业务资质，如供、产、销环节应有的批文证照，产品认证证书，环保、消防的评估、验收等资料（根据具体情况提供相应的资料），分析企业经营是否符合相关法律、法规的要求。

（6）整理公司法务资料，分析相关主体是否存在重大违法、违规行为。

在律师的指导下，整理企业报告期内的诉讼资料、处罚资料，分析公司、实际控制人、控股股东、公司董事、监事以及高级管理人员在最近24个月是否存在重大违法、违规行为。

（7）整理公司各项规章制度，分析公司内部控制制度的合理性以及执行的有效性。

（8）初步确定股份公司董事、监事以及高级管理人员的设置及人选。

此阶段控股股东、实际控制人应与董事、监事以及高级管理人员进行沟通，初步确定股份公司董事、监事以及高级管理人员的设置及人选，并准备这些人员的简历资料。

（9）中介机构初步调查，拟定改制方案。

此阶段主办券商牵头各中介机构对以上内容及资料进行初步调查，汇总拟改制挂牌企业存在的问题，并与控股股东、实际控制人、高级管理人员进行讨论，拟定公司业务调整，股权、资产调整方案等相关内容，在此基础上形成改制挂牌整体方案和工作时间表，初步确定改制基准日。

（10）落实改制方案，协调做好改制前规范工作。

此阶段由主办券商牵头，各中介机构协调拟挂牌企业落实改制挂牌方案，逐项解决初步调查汇总的问题及由此引发的新问题，总体把握改制挂牌方案落实的质量和时间进度，判断拟挂牌企业是否符合挂牌的基本要求。

操作阶段

拟挂牌企业经过改制准备阶段的工作，历史遗留问题经规范符合企业在全国股份转让系统挂牌的条件，已经具备实现改制目的的基础。此时，便可以进行改制操作阶段的工作，改制操作阶段的工作主要包括以下几类。

（1）召开董事会，决议进行股份制改造，确定股份制改造的基准日，确定审计、评估（如需）、验资等中介机构。

（2）到有限公司登记的工商行政管理部门办理拟成立股份公司名称预核准手续，该名称预核准有效期为六个月。

（3）企业完成以改制基准日为会计报表日的会计核算、封账工作。

（4）会计师事务所、评估机构（如需）到企业现场进行改制审计、资产评估（如需）工作。

（5）会计师事务所出具审计报告初稿，与企业、主办券商、律师事务所、评估事务所（如需）进行沟通后，出具正式审计报告。

（6）评估机构对企业改制基准日经审计的净资产进行评估，出具评估报告初稿，与企业、主办券商、会计师事务所、律师事务所进行沟通后，出具正式资产评估报告（如需）。

（7）拟挂牌企业召开股东会，审议《审计报告》《评估报告》（如有），就公司改制事宜做出决议。

（8）拟挂牌企业在律师的指导下，准备《股份公司发起人协议书》《股份公司章程》《股东大会议事规则》《董事会议事规则》《监事会议事规则》等资料，指导公司发出召开股东大会通知，准备申办工商变更登记的相关文件。

（9）股份公司发起人签订《股份公司发起人协议书》，确定各发起人的股权比例，设立股份公司筹备委员会，或指定专人负责筹备事宜，发出召开股份公司创立大会暨第一次股东大会的通知。

（10）召开职工代表大会选举职工监事。

（11）此阶段应由会计师事务所进行验资，并出具改制的《验资报告》（如需）。随即召开创立大会暨第一次股东大会，创立大会应有代表股份总数过半数的发起人出席。

创立大会通常行使下列职权：审议发起人关于公司筹办情况的报告；通过公司章程；选举董事会成员（5 至 19 人）；选举监事会成员（3 名以上，职工监事须占三分之一以上）；对公司的设立费用进行审核；对发起人用于抵作股款的财产的作价进行审核；发生不可抗力或者经营条件发生重大变化直接影响公司设立的，可以做出不设立公司的决议。

第一次股东大会一般也将审议通过股东大会议事规则、董事会议事规则、监事会议事规则、对外投资制度、对外担保制度、关联交易制度等。

收尾阶段

收尾阶段的工作主要有以下几类。

（1）制作股份公司公章，变更相关证照、账户名称，办理相关资产和资质过户手续。

此阶段拟挂牌企业应制作股份公司公章，去税务机关、开户银行、社保机构、质监局、海关（如需）、外管局（如需）等单位将原有限公司名下的所有证照、账户名称变更至股份公司名下，包括：组织机构代码证、税务登记证、银行开户许可证、银行贷款证（如有）、社保基本户等。

此外，公司属于特殊行业的，需办理相关的行业许可证名称变更手续，如特许经营权证书，生产型企业的生产许可证，进出口企业的对外贸易经营资格备案表、海关报关注册登记证、检验检疫备案证书，外商投资企业批准证书（外资企业）等。

原有限公司名下所有登记公示的资产（如土地、房产、车辆、知识产权）及资质证书，应及时更名过户至股份公司名下。

（2）通知客户、供应商、债权债务人等利益相关人有关公司改制更名事宜。

拟挂牌企业取得股份公司“企业法人营业执照”后，应及时将公司改制更名事宜告知客户、供应商、债权债务人等利益相关人，以便公司对外账务往来，订立合同、收开发票等业务往来顺序进行。

（3）制定、修改企业内部规章制度，完善公司治理和内部控制。

股份公司应在中介机构的指导下，制定、修改公司各项规章制度，完善公司内部控制。制定、完善公司治理的配套规则，健全公司财务管理，做到业务、资产、人员、财务、机构独立完整。

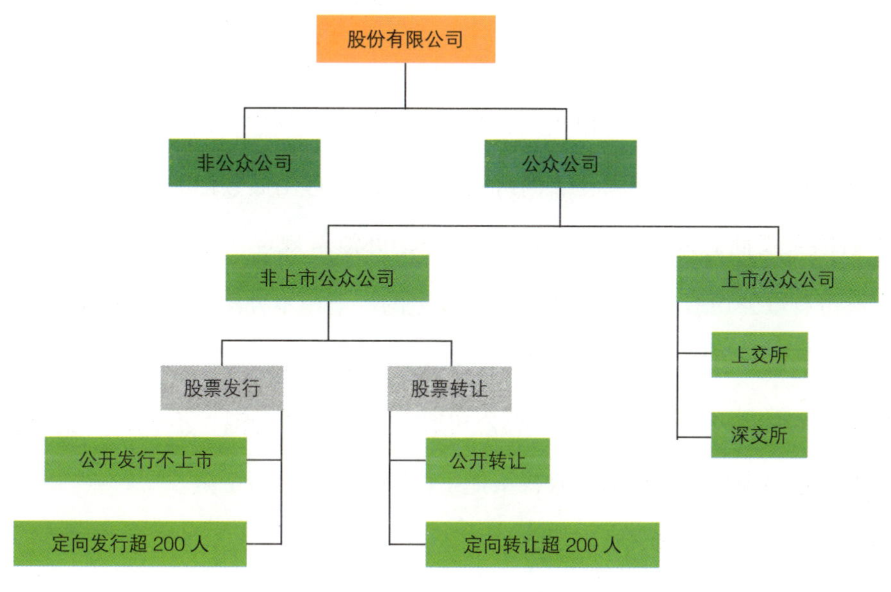

公众公司和非公众公司

新三板的股权质押是什么

新三板股权质押即股权质权，是指出质人以其所拥有的股权作为质押标的物而设立的质押。按照目前世界上大多数国家有关担保的法律制度的规定，质押以其标的物为标准，可分为动产质押和权利质押。

股权质押属于权利质押的一种。为了规范股权质押的定义和性质，我国出台了相应的法律及要求，《物权法》第二百二十三条规定，债务人或者第三人有权处分的可以转让的股权可以出质，第二百二十六条规定，以股权出质的，当事人应当订立书面合同，质权自工商行政管理部门办理出质登记时设立。

随后国家工商总局出台了《股权出质登记办法》规定，以持有的有限责任公司和股份有限公司股权出质，办理出质登记的，适用本办法。但在证券登记结算机构登记的股份有限公司的股权除外。

随着二级市场行情火爆，新三板公司股权质押不断升温，不少新三板公司大股东增持意愿强烈，纷纷采取股权质押手段获取资金进行增持。

据数据统计，截至2016年6月6日，今年以来新三板总共有829笔股权质押，其质押股份数总共近70亿股。根据公开数据，在2014年，新三板总共有368笔股权质押，质押股份数总共有23.37亿股；2015年，新三板总共有990笔股权质押，质押股份数总共有105.65亿股。今年上半年，挂牌公司股权质押频次已超过去年同时期。2015年11月，上海寰创三位股东共同质押1500万股，获得某大型银行为期一年融资授信2000万元，折合每股1.33元。协议转让市场最新价格为8.2元的国润新材，股东质押1000万股，获得某担保公司2000万元贷款，折合每股

2 元。做市企业凯路仕二级市场最新股价为 16.25 元，其股东质押 1100 万股，融得某投资公司 5000 万元的资金，折合每股 4.55 元。

新三板挂牌股权质押的操作流程

新三板市场的火爆情形，使得原先 A 股公司股权质押的一些套路开始在新三板市场得到移植，质权方将股权质押打包成产品对外发售，且产品本身还有结构化的趋势。而且，部分公司不仅把股权质押当成一种融资手段，还将其作为一种业务工具灵活使用。接下来介绍新三板挂牌股权质押的操作流程。

（1）了解出质人及拟质押股权的有关情况。

1）仔细审查有限责任公司章程中是否有对股东禁止股权质押和时间上的特殊规定；

2）在公司章程中核实出质人的身份名称、出资方式、金额等相关信息，以及出质人应出具对拟质押的股权未重复质押的证明；

3）出质人应提供有会计师事务所对其股权出资而出具的验资报告；

4）出质人的出资证明书。

（2）出质人的股权须有该公司股东过半数以上同意出质的决议。

（3）出质人签订股权质押合同，并将出资证明书交给质押权人。

（4）该阶段股权已经质押，不能再转让和重复质押股权，注明在公司章程和记载于股东名册中，并到工商行政管理部门办理股权出质登记。

新三板挂牌股权质押的确认流程

从 2013 年 5 月份新三板出现第一笔股权质押业务开始，挂牌公司的平均质押率随着时间的推移呈现出不断提升的态势。特别是新三板市场扩容以来，挂牌公司的股权质押率有了跳跃式的提升。其中，2014 年银行对挂牌公司的股权质押贷款融资达到 19 亿元。新三板挂牌企业股权质押的公告逐渐增多，这一融资方式正逐渐被市场接受。接下来介绍一下新三板挂牌股权质押的确认流程。

（1）新三板申请人签字或者盖章的《股权出质设立登记申请书》；

（2）新三板申请人签字或者盖章的《指定代表或者共同委托代理人证明》及指定代表或委托代理人的身份证件复印件；应标明委托代理人的办理事项、权限、授权期限；

（3）新三板记载有出质人姓名（名称）及其出资额的有限责任公司股东名册复印件或者出质人持有的股份公司股票复印件（均需加盖公司印章）；

（4）新三板股权质押合同；

（5）新三板出质人、新三板质权人的主体资格证明或者自然人身份证明复印件（出质人、质权人属于自然人的由本人签名，属于法人的加盖法人印章，下同）；

（6）国家工商行政管理总局要求提交的其他材料。

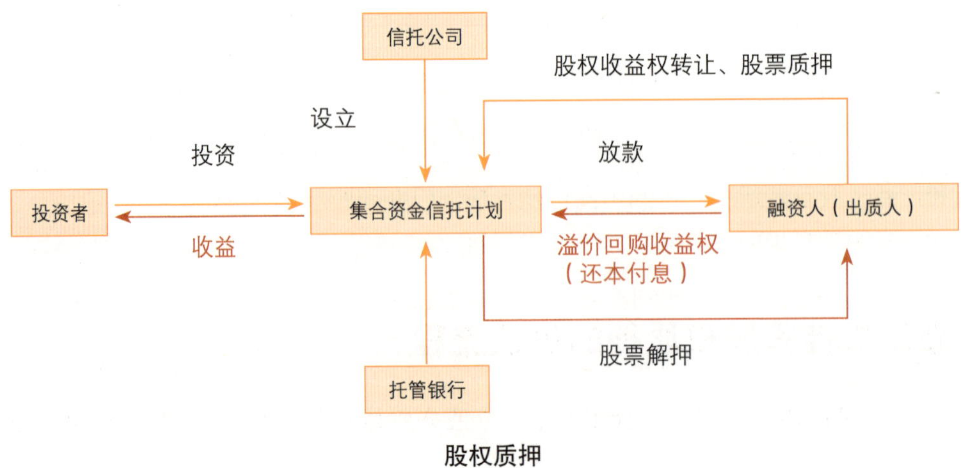

股权质押

股权质押设立之后会存在哪些实务性的问题

股权质押设立后，债权人取得质权，也取得了在债务人按期未履行债务时，对质押股权具有的优先受偿权。但是，这个过程并非“毫无波澜”，下面就简单介绍一下在股权质押设立后，会出现哪些实务性的问题。

质押股权价值明显减少，对质权人的影响

与不动产的价值不同，股权价值并非固定不变，股权的价值极易受企业状况和市场变化的影响，特别在股票出质的情形下，股票的价值经常性地处于变化之中，甚至股权价值在短时间内会发生由波峰跌至波谷甚至负价值的极端情况。

股权价值明显减少造成质权人损失主要包括以下两个方面。

1. 质权人的债权实现受到威胁

由于质权实现有赖于股权拍卖、变卖或者折价时的价位，如果股权价值在质押期间明显下跌，届时如债务人未清偿债务，且不具有偿还能力，而质押股权又因价值减少而不足以清偿债权，那么，质权人的债权实现将直接受到威胁。

2. 质权人可能对股权价值减少不知情，无法及时要求出质股东履行补救义务

即使股权价值出现波动，但由于质权人未能直接参与目标公司的决策和管理，难以第一时间获得目标公司的内外部信息以及股权价值减少的消息，因此，也就无法及时要求出质股东提供补充担保或者提前清偿的补救义务。

损害质权人权益的行为或者事项有哪些？影响股权价值的因素有哪些？

对于影响股权价值的行为、事项及因素，具体应从以下两个角度进行分析。

1. 影响因素角度

影响因素可概括为内部因素和外部因素，具体介绍如下。

（1）内部因素：内部因素包括股东会、董事会的决议，目标公司的利润和剩余财产分配；目标公司的管理（管理又包括战略管理、市场营销、经营管理等内容）；目标公司处分重大资产；目标公司履行业务合同情况以及面临重大诉讼等与目标公司自身成长与管理有关的内部环节。

（2）外部因素：外部因素包括原材料以及劳动力等成本涨跌、行业利润形势、国家产业政策等与目标公司经营无直接关系的外部环节。

2. 行为和事项角度

从行为和事项的角度来看，主要有下列两种情形。

（1）股权价值实际已明显减少。

质押股权设立后，在债权受清偿期限届满前，如果出质股东、目标公司的行为或者其他事项导致目标公司质押股权的价值已发生减少。例如，出质股东作为控股股东以明显不合理的低价转让目标公司的主要资产，或者目标公司聘请不具有任何管理经验的高管人员，导致质押股权价值实际减少，使质权人的债权受偿明显受损。

（2）导致股权价值可能会明显减少的行为或类似事项。

虽然并无证据证明股权价值已减少，但是，出质股东、目标公司已实际做出足以损害股权价值的行为或者发生类似事项，从而可能会导致股权价值下跌。例如，因出质股东拖欠其他债权人的借款，该质押股权被法院查封，或者目标公司陷入重大诉讼，可能被法院判令承担债务清偿责任，由此将导致质押股权的价值明显减少。

如何判断股权的价值？

对于上述股权价值减少的情形，应该明确股权价值如何计算，只有通过科学合理的计算，才能准确地判断出质后与出质前相比，股权价值是否在减少。在实务中，股权的价值判断有以下几种方法。

1. 原值确认法

即按照工商注册登记时的出资额确定。这种方法通常适用于刚成立不久，或者资产规模未发生明显变化，或者利润率不高的目标公司。

2. 资产净值确认法

即按照目标公司的净资产数额确定。这种方法在股权转让中最常用，可以按照目标公司上一年度的资产负债表计算，相对简单，容易操作。

3. 按照目标公司的净利润数额确定

这种方法在股权转让或者股权投资中也经常被使用，包括以协议签署前一年、三年、五年甚至更长时间的净利润平均值乘以一定年限作为股权价值的计算方法。

4. 按照目标公司的盈利能力或者收益率确定

这种方法将股权价值与目标公司将来的盈利能力挂钩，特别是在涉外投资中经常被使用，但是，盈利能力较难确定，通常由专业机构综合各种影响盈利的因素予以评估。

5. 按照审计、评估机构做出的价格确定

这种方法通过对目标公司会计账目、财务报表、资产的清理核算，能够较为准确地体现目标公司的资产和财产状况，通常适用于双方对股权价值无法协商一致、各自的估价差异较大的情况。

需要注意的是，基于单一的标准确定股权价值的方法都存在不足，应该根据股权和目标公司的实际情况，采用前述的一种或几种计算方法，结合目标公司不良资产率、国家产业政策等因素确定股权价值，予以综合判断。

上市公司股权质押可能存在哪些法律问题

随着我国证券市场的发展，上市公司的股权变现性极强，股权质押成为一种越来越重要的融资方式。但目前对于股权融资问题，尚未有专门法律、法规予以规定，并且我国股权形式特别复杂多样，风险很大，执法也不统一，因此，很有必要对股权质押的法律问题予以探讨。下面根据我国担保法律和相关司法解释的规定，从理论上对上市公司股权质押的几个法律问题进行了探讨。

股权质押的类型与法律规定

所谓股权质押是指在公司的股份或股票上设定的质押，是权利质押的重要形式之一。在市场经济发达的现代社会中，股权质押非常普遍。根据我国《担保法》第七十六条规定，依法可以转让的股份（特指有限责任公司的股份）、股票（特指股份有限公司的股票）可以作为质押的标的。据此，我们把股权质押分为两种类型。

1. 股份有限公司的股票质押

此种类型的质押方式适用于《中华人民共和国公司法》(以下简称《公司法》)有关股份转让的规定。

依照我国《担保法》的规定，以依法可转让的股票出质的，出质人与质权人应当订立书面合同，并向证券登记机关办理出质登记。质押合同自出质登记之日起生效。最高人民法院关于《担保法》的司法解释进一步明确，以股份公司的股份出质的，适用于《公司法》有关股份（这里的股份即我们理解的股份公司股票）转让的规定，而《公司法》第一百四十四条规定："记名股票，由股东以背书方式或者法律、行政法规规定的其他方式转让。"第一百四十六条规定："无记名股票的转让，由股东在依法设立的证券交易所将股票交付给受让人后即发生转让的效力。"

依据以上规定，要使股票质押合同生效，必须符合两个要求，一是质押双方必须订立书面质押合同；二是对记名股票出质，出质人与质权人应订立书面质押合同或背书记载质押字样，并向证券登记机关办理出质登记，质押合同自出质登记日起生效；对无记名股票，出质人与质权人应订立书面质押合同或背书记载质押字样，质押合同自股票交付之日起生效，未经背书质押的无记名股票，不得对抗第三人。

2. 有限责任公司的股份出质

此方法适用于《公司法》有关股份转让规定。

《担保法》明确规定，以有限责任公司的股份出质的，适用《公司法》股份转让的有关规定，质押合同自股份出质记载于股东名册之日起生效。《公司法》第三十五条、第三十六条则规定了有限责任公司股份转让的规定：有限责任公司的股东之间可以相互转让其全部或部分出资；股东向股东以外的人转让其出资时，则须经全体股东过半数同意，不同意转让的股东应购买该转让出资，如果不购买，则视为同意转让。

此外，经股东同意转让的出资，其他股东在同等条件下有优先购买权。股东依法转让其出资后，由公司将受让人的姓名，或者名称、住所及受让人的出资额记载于股东名册。

上市公司股权质押与股份公司股份的转让的关系问题

上市公司股权质押是指出质人以其持有的上市公司股权为标的而设定的一种权利质押。出质人可以是作为融资一方的债务人，也可以是债务人之外的第三人。上市公司股权质押的实质在于质权人获得了支配作为质押标的的股权的交换价值，使其债权得以优先受偿。上市公司股权具有高度的流通性，变现性极强，是债权人乐于接受的担保品。

在我国，股权质押担保制度是由《担保法》确立的。在《担保法》颁布之前，我国民法对抵押与质押未作区分，统称为抵押。因此《担保法》颁布之前的法律，无论是《民法通则》，还是《公司法》，都没有质押的概念。

《担保法》第七十五条规定，“依法可以转让的股份、股票”可以质押，第七十八条对此做了进一步的补充规定：“以依法可以转让的股票出质的，出质人与质权人应当订立书面合同，并向证券登记机构办理出质登记。质押合同自登记之日起生效。股票出质后，不得转让，但经出质人与质权人协商同意的可以转让。出质人转让股票所得的价款应当向质权人提前清偿所担保的债权或者向与质权人约定的第三人提存。以有限责任公司的股份出质的，适用公司法股份转让的有关规定。质押合同自股份出质记载于股东名册之日起生效。”

《最高人民法院关于适用〈担保法〉若干问题的解释》第一百零三条规定：“以股份有限公司的股份出质的，适用中华人民共和国公司法有关股份转让的法律规定。”而根据《公司法》的规定，公司股票分为记名股票和无记名股票，其转让方式是不同的，担保法并未做出区分，那么，这两种股票的出质方式应否不同呢？

通常来说，根据《公司法》的规定，记名股票由股东以背书方式或者法律、行政法规规定的其他方式转让，而无记名股票的转让自股东将股票交付受让人后发生转让的效力，因此，记名股票和无记名股票的出质方式应有所区别。

此外需要注意的是，以无记名股票出质的，出质人与质权人应订立质押合同或背书记载质押字样，出质人将股票交付质权人即可，但未经背书质押的无记名股票不能对抗第三人。但以记名股票出质的，出质人与质权人应订立质押合同或背书记载质押字样，并向证券登记机构办理出质登记。

上市公司股权质押登记的问题

我国《担保法》及《最高人民法院关于适用〈担保法〉若干问题的解释》关于以公司股权进行质押区分上市公司和非上市公司做了不同规定，即：以上市公司的股份出质的，质押合同自股份出质向证券登记机构办理出质登记之日起生效；以有限责任公司及非上市股份有限公司的股份出质的，质押合同自股份出质记载于股东名册之日起生效。

根据上述规定，上市公司的股权质押只有经向中介机构（也可称之为“与出质人和质权人无利害关系的第三人”）——证券登记机构办理出质登记后，该股权质押合同才始生效。而且根据我国《公司法》《证券法》及其他有关规定，该股权质押的事实一般还应该由出质人在公告中予以披露，社会公众也可以通过向证券登记机构查询的方式获得该股权质押的情况，从而使该股权质押的事实为社会公众所知悉，进而使该股权质押具有相当的公示力和公信力。这样，就完全可以起到防止出质人在质押期限内将该股权非法转让或者将其重复质押给其他人的情况发生，从而为质权人能够顺利实现质权提供了非常有力的保障。

股权质押登记的渠道不畅

目前在上市公司股权质押的实践中存在的另一个问题是：股权质押登记的渠道不畅。在现阶段，根据中国证监会的规定，并非所有的上市公司流通股都可以办理质押登记。

根据《证券公司股票质押贷款管理办法》的规定，综合类证券公司可以以其自营的人民币普通股票（A 股）和证券投资基金券办理质押贷款登记，自然人及综合类证券公司以外的其他法人持有的上市流通的人民币普通股票尚不能办理质押登记。但是质押是质权人与出质人协商的结果，如果自然人及综合类证券公司以外的其他法人以其持有的上市流通的人民币普通股票出质，债权人也接受了这种出质，根据民法意思自治的原则，这种质押合同应当是有效的。但是上市公司的股权质押应当经过证券登记机构登记后，质权才能成立。

目前我国证券市场上，中国证券登记结算有限责任公司是法定的也是唯一的办理上市证券登记业务的机构，如果它不办理这样的质押登记，无异于堵塞了订立质押合同的双方办理质押登记的唯一渠道。这样就造成了一个两难的局面，一方面法规要求质权必须登记才能设立，另一方面，法规又不允许唯一的法定机构办理登记。这样的结果违背了同股同权的法律原则，也阻碍了经济的发展与市场的稳定。

上市公司股权质押的担保期限问题

《担保法解释》第十二条第一款规定："当事人约定的或者登记部门要求登记的担保期间，对担保物权的存续不具有法律约束力。"即司法解释否定了担保期间可以消灭担保物权，这在理论上主要是基于物权法定原则，从实践上主要是避免加大担保成本，以有效保护债权人利益。

实行股权质押应注意的问题

实行股权质押时，应注意以下几个问题。

1. 各种不同类型的股权质押，其法律手续各有不同

当事人签订股权质押合同后，质押合同并不生效，而必须办理相应的手续才能生效。各类股权质押生效的主要法律手续

是：以有限责任公司的股份出质的，须将出质股份记载于股东名册之下；以股份有限公司股份出质的，出质合同自向证券登记机构办理出质登记之日起生效，但以无记名股票出质的，出质股票应背书记载“质押”字样，无记名股票未经背书进行质押的，不得对抗第三人；国家股、国有法人股质押的，因国家股、国有法人股转让必须经国有资产管理部门审批，故该类股票质押必须经过国有资产管理部门审批。

2. 外商投资企业股权质押特殊法律规定

外商投资有限责任公司和外商投资股份有限公司的投资者可以以其拥有的股权（包含股票、股份）为标的而设立质押，但依据有关法律规定，以下三方面限制是必须注意的。

（1）不同于《公司法》的规定，外商投资企业投资者以其拥有的股权质押的，必须经其他股东同意；如果有一个股东不同意，则不得设质，不同意的股东即使不购买该拟设质的外资股，也不得视为同意出质。

（2）《外商投资企业法》规定，外商投资企业用于出质的股权必须是已经实际缴付了出资的股权。

（3）外商投资者以其全部股份设立质押，否则，外商投资者以股份出质的，质押的结果不得导致外商投资比例低于企业注册资本的25%，即扣除质押部分后的外商投资企业出资额比例应当高于25%，否则，企业就不是外商投资企业了。

3. 公司不得接受以本公司股权为标的的出质

我国《公司法》规定：“公司不得接受本公司的股票作为质押的标的。”《关于外商投资企业投资者股权变更的若干规定》第六条规定：“投资者不得将其股权质押给予本企业。”

因此我国法律禁止股东或者投资者将其拥有的股份质押给本公司。法律之所以做出这样的规定，主要是为了维持公司股本的稳定性、持续性、不变性，以确保公司的运营基础。

按照我国《担保法》司法解释第一百零四条规定：“以依法可以转让的股份、股票出质的，质权的效力及于股份、股票的法定孳息。”即股息或利息也应为质权范围。但属于股东非财产权利的表决权、质询权等不属于质权范围。

4. 质权人要特别注意控制股权质押的风险

在股权质押中，股权的价值是不断变化的，有限责任公司股份随企业经营业绩变化而变化，假如企业经营不善，资不抵债而破产，则股权质押可能一文不值，股权质押的担保效力也丧失殆尽。

为防范风险，有关部门采取了一些措施，2000 年 7 月 17 日，中国人民银行与中国证监会联合发布了行政规章《证券公司股票质押管理办法》，为控制风险，对股票质押的主体资格、质押的股票、质押贷款的规模、质押股票的规模等做了比较全面的规定。

为保障和平衡股权质押双方的利益，该办法特别设定了警戒线和平仓线，警戒线为质押股票市值与贷款本金百分比，设定值为 130%，当比值降到 130% 时，贷款人有权且应该要求借款人即时补足因证券价格下跌造成的质押价值缺口，给借款人以补救的机会。平仓线则为质押股票市值与贷款本金百分比，设定为 120%，当比值降到 120% 时，贷款人有权且应该及时出售出质股票，所得款项用于还本付息，余款退还借款人。不足部分，由借款人清偿，从而给贷款人以强行平仓权利，保证贷款人利益。至于有限责任公司质押，也应当充分考虑风险，把担保债权控制在质押股份价值的 50% 左右，不能太高。

综上所述，我国股权质押由于股权类型多、不规范、复杂，面临的法律问题很多。在进行股权质押时要充分注意法律上的可行性，才能最大限度地维护股权质押双方当事人的合法权益。

知识链接　股权质押设立后，出质股东擅自处分质押股权的法律后果如何？

从法律规定来看，《担保法》《担保法司法解释》与《物权法》对质物处分的规定不完全一致，按照新法优于旧法的原则，在《物权法》实施之后，质押股权的处分应适用《物权法》第二百二十六条的规定，即："股权出质后，不得转让，但经出质人与质权人协商同意的除外。出质人转让基金份额、股权所得的价款，应当向质权人提前清偿债务或者提存。"

对于出质股东擅自转让质押股权的效力，应从债权行为效力和物权效力分析。从债权行为来看，属于效力待定民事法律行为，如果质权人同意的，则为有效民事法律行为；如未征得质权人的同意或者追认，则为无效民事行为。

从物权行为来看，如果受让人确系善意第三人，其受让行为符合善意取得

要件，则受让人有权取得质押股权；否则，质权人应当享有担保物权的追及效力，不论质押股权流转何人手中，质权人之质权并不消灭，可以直接对抗第三人。

当然，实务中，由于非上市公司的股权确认以及股权质押、转让都应由工商登记机构登记，所以，除非因工商登记机构的重大过失致质押股权未登记，受让人关于其为善意的主张难以得到法院的支持。如果受让人代出质股东清偿债务，债权因受让人代偿得以清偿，即使先前的出质股东处分质押股权未被同意，也不影响出质股东之前转让质押股权的行为，因为此时质权人的债权权益已得到实现，抵押权也随之消灭，所以应另当别论。

企业并购风险不容忽视

尽管企业可以通过并购方式做大做强，但企业在做出并购决定前必须充分考虑并购带来的风险。因为并购是一个复杂的系统工程，它不仅仅是资本交易，还涉及并购的法律、政策环境、社会背景和公司的文化等诸多因素。因此，企业必须了解并购的风险事项，以免并购完成后与预期差异过大，造成资源失衡。常见的并购风险主要有以下几种。

1. 并购价格

并购活动开始前，并购双方首先要确定目标企业的并购价格。其主要依据的就是目标企业出具的《年度报告》《财务报表》等相关文件。收购方要根据这些报表辨别目标企业是否存在隐瞒损失信息或夸大收益信息等“欺瞒行为”。

所以收购方必须保证报表的准确性，才能对目标企业的资产或负债进行正确的评估。

但需要注意的是，在此阶段，并购方不能过分依赖报表的账面信息，须确认资产在法律上是否存在，避免并购后出现大量的不良资产。

另一方面，由于并购方在并购成功后要承担目标企业的原有债务，并购方必须确认清楚目标企业的现有负债以及未来负债，避免将来出现债务问题。

2. 企业管理

并购完成后，并购方的经营规模进一步扩大，但是在处理目标公司原有客户以及雇员问题上须小心谨慎。

能否保留目标公司原客户会影响预期的营利性，而目标公司原有雇员是否过多、在岗职员的业务能力是否熟练以及雇员是否会在并购之后离开等无法预知的问题，都是影响预期生产能力的重要因素。

3. 企业文化

由于不同企业之间存在不同的企业文化，并购完成后，并购方须注意文化整合的风险。

如果并购方不能对被并购企业的企业文化加以整合，并购企业的决策就难以在被并购企业中得以有效贯彻，就可能出现无法实现企业并购的协同效应和规模经济效益的现象。

4. 未来发展

由于未来经营环境的多变性，例如行业的变化、技术的进步以及国际经济形势的改变等，这些都有可能使得企业并购后的经营无法实现既定目标，从而产生经营风险。

第四章

挂牌常见问题及解决方案

越来越多的企业将目光聚焦到新三板，随之而来的新三板挂牌热潮此起彼伏，络绎不绝。但挂牌新三板并不是我们想象中的那么简单。

企业在上市的过程中，总是会遇到各种各样的问题，如主体资格、权属不清、同业竞争、股权代持以及关联方收购无法办理所有权证的资产等问题。本章选出了五个常见问题，以案例形式进行解析，并附上解决方案，希望可以给广大读者以借鉴作用。

新三板挂牌企业的主体资格问题

股东适格是公司主体合法存续的有效条件，公司股东的适格性也是股转系统核查的首要对象之一。

关于股东适格性的核查，相关工作人员需要核查的法律、法规与规范性文件主要包括以下几部：《中华人民共和国公司法》《中华人民共和国公务员法》、《中国共产党党员领导干部廉洁从政若干准则》《中共中央纪委教育监察部关于加强高等学校反腐倡廉建设的意见》《关于严禁党政机关和党政干部经商、办企业的决定》《关于进一步制止党政机关和党政干部经商、办企业的规定》以及《关于“不准在领导干部管辖的业务范围内个人从事可能与公共利益发生冲突的经商、办企业活动”的解释》等。

上述法律、法规中明确规定了不适合担任股东的情形，以及担任股份公司股东的主体资格。

日常经营中，主体资格问题往往与公司治理密切相关。这些问题如不能得到妥善解决，将会严重影响企业新三板挂牌的进程。

接下来对主体资格及股东适格这两个问题进行解读，并结合相关案例分析探讨，提出可行性建议及解决方案。

案例一：股东是证券从业人员

相关案例

成立日期：2006 年 6 月 8 日

股改日期：2011 年 6 月 29 日

注册资本：10500 万元

注册地址：上海市长宁区仙霞路 345 号 14D 室

主营业务：农产品的种苗培育、种植基地管理、冷链保鲜和流通销售。

公司目前已形成以山东滕州马铃薯，新疆阿克苏、陕西洛川、山东栖霞苹果，江西赣南脐橙等蔬果产品为核心的产品体系。

2009 年 12 月，马秀珍以 5.18 元 / 股增资，变更后持有出资 30 万，增资金额约 155.45 万。股改后马秀珍持股 75.5244 万。2011 年 8 月，马秀珍以 7.8 元 / 股增资认购 190 万股，增资金额约 1482 万。

2012 年 10 月 30 日，股东马秀珍与自然人刘玉华双方签订《股份转让协议》，马秀珍将其所持有的公司全部 265.5244 万股股份（占公司总股本的 2.53%）全部转让给刘玉华，本次股权转让的价格为 2.48 元 / 股。

公司股东刘玉华现任职于太平洋证券股份有限公司，属于证券从业人员。2012 年 12 月刘玉华出具了书面承诺，称将按照相关法律、法规的规定，在伊禾农品于全国中小企业股份转让系统挂牌后，尽快将其所持有的伊禾农品 265.5244 万股股份（占公司总股本的 2.53%）进行转让，待股份转让后，将不再持有伊禾农品任何股份，不再作为伊禾农品股东。

解决方案：

承诺挂牌后尽快转让。

案例二：外籍股东

相关案例

成立日期：2009 年 2 月 18 日

股改日期：2013 年 7 月 3 日

注册资本：350 万元

注册地址：北京市海淀区上地信息产业基地上地东路 35 号 1 号楼 5 层 523 单元

许可经营项目：一般经营项目：技术服务、技术咨询、技术转让、技术推广、技术开发；基础软件服务；应用软件服务；产品设计；销售计算机、软件及辅助设备；计算机维修；计算机系统服务（未取得行政许可的项目除外）。

第二类增值电信业务中的信息服务业务（仅限互联网信息服务，互联网信息服务不含新闻、出版、教育、医疗保健、药品和医疗器械、电子公告服务）（电信与信息服务业务经营许可证有效期至 2014 年 7 月 14 日）。

2009 年 2 月，股东马滨与股东李明及北京网动科技有限公司共同设立北京网动网络科技股份有限公司。

公司设立时，股东马滨已具有澳大利亚国籍，但因其对外商投资法律制度缺乏了解，因此投资事项未申请设立外商投资企业。依据讯网天下设立时的《内资企业设立登记（备案）审核表》及北京市工商局海淀分局颁发的营业执照，公司的性质为内资企业。

2012 年 6 月，马滨于讯网天下减资时退出了该公司，马滨以外籍身份出资设立有限责任公司并持有讯网天下股权的法律瑕疵因此得到消除。讯网天下已于 2012 年 9 月由有限责任公司整体变更为股份有限公司，该整体变更行为和股份公司设立后的股权结构合法、合规、真实、有效。

后根据股份公司现有股东出具承诺函，承诺："本公司前身北京讯网天下科技有限公司成立时，其股东马滨已取得澳大利亚国籍，马滨以外籍身份出资设立有限责任公司并持有讯网天下股权，其股东资格存在法律瑕疵。该问题已因马滨于讯网天下 2012 年 6 月减资时退出了该公司而得到消除。如政府主管机关因马滨以外籍身份设立有限责任公司并持有有限公司股份的股东资格法律瑕疵对本公司进行处罚，将由公司现有股东最终按现有持股比例承担公司因此受到的全部经济损失，该等责任为连带责任，无须公司承担任何费用。马滨在有限公司设立时的股东资格法律瑕疵已因马滨于讯网天下 2012 年 6 月减资时退出了该公司而得到消除。"

2012 年 11 月 15 日，北京市工商行政管理局海淀分局出具《证明》：证明公司近两年没有因违反工商行政管理法律、法规受到查处的记录。马滨在有限公司设立时的股东资格法律瑕疵不会对公司的持续经营、申请挂牌的主体资格产生实质性影响。

解决方案：

（1）外籍股东马滨退出；

（2）现有股东承诺承担连带责任；

（3）工商管理部门出具证明。

非货币出资的权属不清问题

对于一些非货币出资的投益来说，所投资产不是资金，也不是设备或其他固定资产，而是出资人名下的知识产权或职务成果等无形资产。这种非货币出资的形式因不具备实物形态，且作价难以核定而极易产生产权不清晰的问题，使企业缺乏对相关资产行使占有、使用、处置和收益等权利。权属不清，会对挂牌企业后续的进程产生影响，下面通过相关案例对这一问题进行解析。

北京奥特美克科技股份有限公司于 2013 年 7 月 23 日在全国股权系统挂牌公开转让。根据补充法律意见书、审计报告及公开转让说明书，2006 年 4 月，北京奥特美克科技股份有限公司股东吴玉晓和路小梅以非专利技术“水资源远程实时监控网络管理系统技术”出资 640 万元，二人各自占比均为 50%。由于该项非专利技术与公司的生产经营相关，不排除利用了公司的场地和办公设备甚至公司的相关技术成果，无法排除出资人职务成果的嫌疑，所以此项技术出资存在瑕疵，公司决定以现金对该部分出资予以补正。

2012 年 8 月 29 日，有限公司召开股东会，决议由股东路小梅和吴玉晓分别以现金 320 万元对公司 2006 年 4 月的非专利技术出资 640 万元进行补正，并计入资本公积。

同日，股东以现金补正非专利技术出资，计入资本公积 640 万元，截至 2012 年 8 月 31 日公司整体变更为股份公司，资本公积科目余额为 1480.5 万元。

2012 年 8 月 31 日，兴华会计师事务所出具【2012】京会兴核字第 01012239 号审核报告，对上述补正出资的资金进行了审验，确认截至 2012 年 8 月 31 日，公司已收到上述股东的补足出资，并已进行了合理的会计处理。补正该出资后，公司的注册资本、实收资本不变。

公司以 2012 年 8 月 31 日净资产折股，根据审计报告，净资产折股中，资本公积折股金额 14 649 878.36 元。即股东以现金补正出资而计入资本公积的 640 万元，通过整体变更折股增加股份，而该股份由全体股东共享，且包含以该专利技术出资的原股东。2012 年 12 月 31 日，吴玉晓和路小梅合计持有公司 51% 股权，也就是说，尽管吴玉晓和路小梅以 640 万元增加资本公积，但是实际上他们两人仅仅将 313.60 万元分享给其他股东，他们两者还占有 640 万元的 316.40 万元的份额。

解决方案：

吴玉晓和路小梅以非专利技术减资，然后增资 640 万元，再将该非专利技术无偿转让给挂牌公司。

企业上市改组与同业竞争处理

在企业的实际经营中，有关联关系的企业之间存在同业竞争，必然无法完全按照竞争的市场环境来平等竞争，因此各国立法均规定了原则上要求上市公司之间禁止存在同业竞争的行为，以有效防止控股股东利用控股地位，在同业竞争中损害上市公司的利益。

我国相关法律、法规及部门规章等对同业竞争的相关规定主要有以下几种。

（1）《上市公司治理准则》（2002 年 1 月 7 日证监会、经贸委发布，证监发【2002】1 号）第二十七条规定："上市公司业务应完全独立于控股股东。控股股东及其下属的其他单位不应从事与上市公司相同或相近的业务。控股股东应采取有效措施避免同业竞争。"

（2）《上市公司证券发行管理办法》（2006 年 5 月 6 日证监会令第 30 号

公布，自2006年5月8日起施行）第十条第一款第四项规定：“投资项目实施后，不会与控股股东或实际控制人产生同业竞争或影响公司生产经营的独立性。”

（3）《首次公开发行股票并上市管理办法》（2006年5月17日证监会令第32号公布，自2006年5月18日起施行）第十九条规定：“发行人的业务独立。发行人的业务应当独立于控股股东、实际控制人及其控制的其他企业，与控股股东、实际控制人及其控制的其他企业间不得有同业竞争或者显失公平的关联交易。”

（4）《首次公开发行股票并在创业板上市管理暂行办法》（2009年3月31日证监会令第61号公布，自2009年5月1日起施行）第十八条规定：“发行人资产完整，业务及人员、财务、机构独立，具有完整的业务体系和直接面向市场独立经营的能力。与控股股东、实际控制人及其控制的其他企业间不存在同业竞争，以及严重影响公司独立性或者显失公允的关联交易。”

虽然相关部门及法律、法规均规定了上市公司应避免同业竞争的问题，但是并没有对同业竞争本身做出一个明确的定义，同业竞争仍旧是一个任何人都会忌惮的“雷区”。在同业竞争问题的解决上，至今尚没有一个明确的意见和规则。希望通过对下列已发生的真实案例进行解析，能够给读者带来启迪。

案例一：出具承诺，解决潜在同业竞争问题

1992年5月22日，经上海市外国投资工作委员会沪外资委批字【92】第499号《关于合资建立“上海普华应用软件有限公司”项目建议书的批复》文件批准，华东水利水电和台湾普盈合资设立“上海普华应用软件有限公司”，注册资本20万美元（其中，华东水利水电以现金出资8万美元，占注册资本40%；台湾普盈以现汇出资12万美元，占注册资本60%）。

2013 年 1 月 24 日，上海普华应用软件有限公司取得了上海市工商行政管理局核发的变更后的《企业法人营业执照》（注册号 310115000003205）。该公司 A 股证券简称：普华科技（430238）。

长沙普兴自设立以来，与普华科技没有关联交易，但由于其控股股东石淑珍持有普华科技 2.7% 的股权，且担任普华科技董事会秘书一职，为了避免长沙普兴与普华科技存在的潜在同业竞争，2012 年 11 月 20 日，石淑珍郑重承诺：

（1）本人于 2013 年 6 月 30 日前办理公司名称、法定代表人、营业范围的变更，变更后的营业范围将不包括信息技术服务、电子产品的销售等类似内容，保证长沙普兴不从事与普华科技相似的业务，只经营新型农产品的销售和推广以及其他贸易、咨询类业务；

（2）若本人在 2013 年 6 月 30 日前不能完成第一项的承诺事项，届时本人会将长沙普兴的股权转让给无关联第三方。如若本人因违反上述承诺内容，给普华科技造成损失的，相应的损失由本人承担。

解决方案：

（1）控股股东承诺在限期内变更营业范围，若未完成变更则转让给第三方；

（2）承诺不从事竞争性业务。

案例二：划分业务专属行业

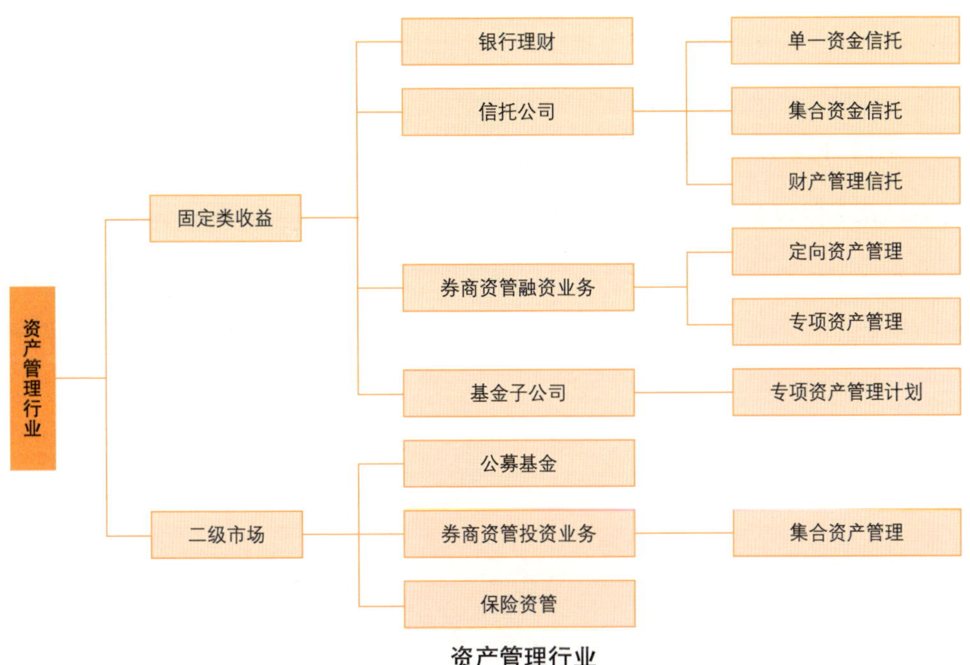

资产管理行业

2007年5月，曲延斌和辽宁东软创业投资有限公司共同出资设立北京东软慧聚信息技术有限公司。首期货币出资合计1350.5万元，经北京真诚会计师事务所出具京真诚验字【2007】第0767号《验资报告》审验，并经北京市工商行政管理局海淀分局核准。

2012年11月5日，北京东软慧聚信息技术有限公司召开临时股东会，全体股东审议通过关于公司申请变更为股份有限公司的议案，以2012年9月30日为基准日，公司全体股东曲延斌、吴晓林、孙岩、邵友芬、张岩五人以及辽宁东创作为股份公司的发起人。该公司A股证券简称：东软慧聚（430227）。

北京东软慧聚信息技术股份有限公司的主营业务包括企业资源计划（ERP）咨询服务业务、ERP运维服务业务、软硬件产品销售业务。

东软慧聚与辽宁东创的控股股东东软集团下辖的ERP事业部的部分业务

重合，都有 ERP 实施与运维服务业务，该部分业务存在潜在同业竞争关系。为解决此潜在竞争业务，也为规范集团内部经营范围，2009 年东软集团对公司和集团辖下的“ERP 事业部”（现已并入并成为“解决方案事业部”的部分业务内容）的目标市场进行了明确的划分，设定了各自业务的专属行业。

2013 年 4 月 18 日，东软集团出具了《关于所控制企业避免与北京东软慧聚信息技术股份有限公司产生同业竞争行为的措施说明》，表示东软集团所控制的企业将不从事任何在商业上对公司在烟草行业（包括工业、商业、物资及烟机设备配套企业）、电力行业（包括电网、发电企业）及以下行业（石油、地铁、柴油机、重工、钢铁、家电、汽车、医药）之外的 SAP ERP （SAP 公司为全球最大的 ERP 软件公司，也指一个基于客户 / 服务机构和开放的、集成的企业资源计划系统）及 ORACLE ERP（一种企业信息化管理软件） 咨询服务业务构成竞争的业务。

目前，双方严格遵守行业划分，未产生实质上的同业竞争。为彻底解决上述潜在的同业竞争问题，东软集团承诺在公司挂牌后把该部分存在潜在同业竞争的业务进行分拆、分批转让至公司，以彻底解决潜在的同业竞争问题。

2012 年 12 月 21 日，公司控股股东、其他股东、董事、高级管理人员及核心技术人员出具《避免同业竞争承诺函》，表示不从事或参与与股份公司存在同业竞争的行为，并承诺：将不在中国境内外直接或间接从事或参与任何在商业上对股份公司构成竞争的业务及活动，或拥有与股份公司存在竞争关系的任何经济实体、机构、经济组织的权益，或以其他任何形式取得该经营实体、机构、经济组织的控制权，或在该经营实体、机构、经济组织中担任高级管理人员或核心技术人员。

解决方案：

（1）控股股东对相似子公司进行业务专属行业划分；

（2）控股股东出具承诺函，承诺挂牌后将相似资产转入挂牌公司。

新三板股权代持该如何处理

股权代持问题是企业首发上市及新三板挂牌中经常碰到的问题，其在企业上市过程中会损害到拟上市企业股权的清晰分配，以及可能引起相关的利益纠葛和法律纠纷，从而拖慢项目进度。那么，拟上市企业该如何处理股权代持问题呢？下面通过一个相关案例进行解析。

2002 年 9 月，北京圣地万隆科贸有限公司、北京华电金力通经贸有限责任公司及自然人汤琳、成锡璐、刘立环和苗承刚共同出资设立北京必可测科技有限公司。有限公司注册资本为 320 万元，其中北京圣地万隆科贸有限公司出资 250 万元，北京华电金力通经贸有限责任公司出资 45 万元，汤琳出资 10 万元，成锡璐出资 5 万元，刘立环出资 5 万元，苗承刚出资 5 万元，出资方式均为货币。

2012 年 5 月 23 日，北京必可测科技有限公司召开股东会，同意成锡璐将货币出资额 5 万元转让给周继明；同意何忧（为在工商局登记注册的名义股东）将货币出资额 287 万元转让给何立荣；同意苗承刚将货币出资额 5 万元转让给苗雨（苗雨为苗承刚的女儿），并修改公司章程。何忧将其股权转让给何立荣的目的是解除双方的代持关系；成锡璐将其股权转让给周继明的转股价格为 1 元 / 股；苗承刚将其持有公司的股权无偿赠送给苗雨。

2012 年 5 月 23 日，上述各方签署了相关的股权转让协议。何立荣与何忧就双方代持关系出具了《股权代持情况说明》，书面确认：出资款由何立荣实际支付，何忧仅为在工商登记注册的名义股东，在何立荣的授权下行使各项股东权利。双方之间的股权代持关系已于 2012 年 5 月解除，并完成了工商变更登记，双方不存在股权纠纷。

何立荣与何忧之间代持关系的形成、变动以及最终的解除，均系双方真实的意思表示，且该行为不存在合同法第五十二条规定的欺诈、胁迫及损害国家、社会公共利益或者第三人利益等情形，也不存在任何非法目的，故双方之间的代持行为应当是合法有效的。

解决方案：

（1）挂牌前转让股份，解除代持关系；

（2）代持双方出具《股权代持情况说明》，书面确认代持情况。

关联方收购无法办理所有权证的资产

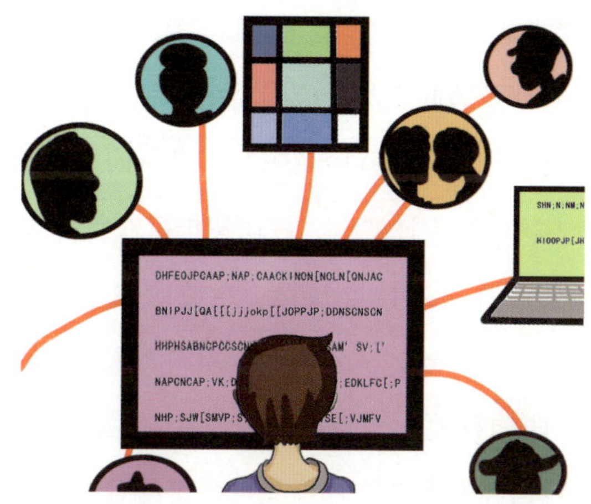

拟上市企业该如何处理关联方收购无法办理所有权证的资产问题呢？下面通过一个相关案例进行解析。

上海建中医疗器械包装有限公司成立于 2004 年 3 月 22 日，注册资本为 300 万元；经营范围包括：一次性使用的医用包装用品（除专控）、塑料包装用品的生产及销售。

2011 年 8 月 28 日，公司召开股东会做出决议：同意以经审计的净资产折合股份公司股本 2 466.6 万股，每股面值 1 元，余额 18 082 314.68 元计入资本公积，整体变更设立股份公司。

同一天，中准会计师事务所有限公司出具《验资报告》（中准验字【2011】1024 号）对股份公司出资情况进行验证，公司注册资本 2 466.6 万元已经全部到位。

2012年6月，实际控制人宋龙富控制的上海建中塑料包装用品厂以货币资金收购公司部分固定资产，该固定资产为地上建筑物，在公司股份制改造审计时计入公司资产总额，但是该建筑物所属的土地使用权为集体性质，因此无法办理房屋所有权证。为夯实公司资产，宋龙富所控制的上海建中塑料包装用品厂以该资产账面净值作为计价依据，经协商一致确认作价1 298 891.82元予以收购。

该资产出售同时涉及关联交易，应当由出席股东大会且无关联关系的股东过半数表决权审议批准，但是关联股东宋龙富没有回避表决，存在程序瑕疵。在排除宋龙富所持表决权纳入计票后，该议案仍可获得有效通过。

2012年9月，公司召开2012年度第一次临时股东大会审议通过《关于确认与批准公司关联交易的议案》，公司实际控制人宋龙富回避表决。该议案确认2012年6月资产收购暨关联交易批准行为有效。公司已经纠正关联交易决策程序的瑕疵，并且已经遵照公司章程及关联交易管理制度执行。公司管理层将严格履行各类重要事项的决策审批程序，保证公司及股东利益不受损害。

解决方案：

（1）由实际控制人的其他公司收购；

（2）关注公司治理中关联交易的部分。

新三板挂牌常见问题解答

1. 申请挂牌公司在取得全国股转系统公司出具的《同意挂牌的函》后，应如何办理后续挂牌业务？挂牌日期应如何确定？

申请挂牌公司在取得全国股份转让系统公司出具的《同意挂牌的函》后，应按照 2014 年 5 月 6 日修订的《全国中小企业股份转让系统股票挂牌业务操作指南（试行）》中的要求办理挂牌业务。

挂牌日为取得《股份登记确认书》后的第三个工作日。

2. 申请挂牌公司在挂牌前应缴纳哪些费用？

申请挂牌公司应当在挂牌日前缴纳按照挂牌首日总股本计算的挂牌初费，同时缴纳挂牌当年的挂牌年费。

挂牌年费按照挂牌首日的总股本和实际挂牌月份（自挂牌日的次月起计算）予以折算，即：挂牌当年年费 = 挂牌日总股本对应的年费标准。

3. 已挂牌公司如何办理股票发行业务？

《全国中小企业股份转让系统股票发行业务细则（试行）》及其配套文件已于 2013 年 12 月 30 日正式发布。挂牌公司应按照《非上市公众公司监督管理办法》《业务规则》及上述细则和配套文件的规定，办理股票发行业务。

4. 挂牌公司定向发行豁免申请核准的条件是什么？豁免申请核准的情形能否进行储架发行？

根据 2013 年 12 月 26 日修订后的《非上市公众公司监督管理办法》第四十五条规定："在全国中小企业股份转让系统挂牌公开转让股票的公众公司向特定对象发行股票后股东累计不超过 200 人的，中国证监会豁免核准，由全国中小企业股份转让系统自律管理，但发行对象应当符合本办法第三十九条的规定。"

只要满足上述条件即为豁免申请核准情形。储架发行即"一次核准，分期发行"，适用于核准情形。公司定向发行豁免申请核准的，需在发行验资完毕后向全国股份转让系统报送备案，全国股份转让系统公司审查后出具股份登记函，公司持股份登记函向中国证券登记结算公司办理新增股份的登记及公开转让手续。

5. 全国股份转让系统协议转让方式下有什么委托类型？如何成交？

根据《全国中小企业股份转让系统股票转让细则（试行）》第七十五条的规定，协议转让方式下，投资者委托分为意向委托、定价委托和成交确认委托。

意向委托是指投资者委托主办券商按其指定价格和数量买卖股票的意向指令，意向委托不具有成交功能。考虑到市场各方业务技术准备情况，协议转让方式下意向委托与意向申报的规定暂未实施。定价委托是指投资者委托主办券商按其指定的价格买卖不超过其指定数量股票的指令。

6. 境外机构和外国人是否可以直接参与定向增发及交易？外资股东如何办理开具股票交易账户？

全国股份转让系统公司是经国务院批准设立的全国性证券交易场所，所有符合《合格境外机构投资者境内证券投资管理办法》和《人民币合格境外机构投资者境内证券投资试点办法》规定的合格境外机构投资者（QFII）和人民币合格境外机构投资者（RQFII）均可参与。外资股东办理证券账户应遵照中国证券登记计算有限责任公司的《关于外国战略投资者开 A 股证券账户等有关问题的通知》。

7. 如何查询全国股份转让系统的相关交易数据？

作为股转系统向市场提供信息服务的一部分，全国股份转让系统针对不同的市场参与人和需求，其具体的发布形式、内容、时效、承载方式以及服务费用还在制订、设计中。

与此同时，可登录官方网站 www.neeq.com.cn（是发布系统动态、法律规则、业务资讯等信息的重要渠道）查询到历史或当天的报价及成交情况。

8. 申请挂牌公司首次信息披露文件包括哪些内容?

申请挂牌公司应在全国股份转让系统指定信息披露平台（www.neeq.com.cn 或 www.neeq.cc）披露相关文件，其中首次信息披露文件包括：公开转让说明书；财务报表及审计报告；补充审计期间的财务报表及审计报告（如有）；法律意见书；补充法律意见书（如有）；公司章程；主办券商推荐报告；定向发行情况报告书（如有）；全国股份转让系统公司同意挂牌的函；中国证监会核准文件（如有）；其他公告文件。

第五章 信息披露制度

新三板作为中小企业的重要融资渠道，在为我国经济建设做出贡献的同时，我们也应重视其在对投资者的保护和市场秩序的维护等方面的作用，而实现这一目的的核心便是信息披露制度。

随着证监会和股转系统一系列规则的出台，新三板市场正逐步成为探索证券市场注册制改革的重要平台，而未来要实现股票发行的注册制，信息披露制度的建立和完善是重中之重。本章从解析信息披露制度、新三板挂牌公司信息披露规定及监管制度、信息披露违规行为及处理措施等方面一一进行解析，希望能为拟挂牌企业提供实用性的指导。

新三板信息披露制度

事实上，新三板信息披露工作原来一直由深圳证券信息公司承担（投资者可以在巨潮资讯网站的信息披露一栏中，查询到旧三板和新三板挂牌公司的相关信息）。

不过，随着新三板的扩容以及全国股转系统公司的逐步发展，经过近半年多的筹备后，全国股转系统于2015年1月12日正式推出了自己的信息披露系统。

全国股转系统信息披露系统正式上线运行，使新三板企业的信息披露彻底告别“深圳证券信息公司时代”。

新三板在信息披露方面，主要考虑中小企业的特点，在强调真实性和透明度的基础上，降低企业披露成本，实行适度信息披露原则，具体内容如下。

1. 定期报告的披露

定期报告的披露是指，相关企业采取定时年度报告、半年度报告及季度报告进行信息披露，报告内容主要包括：公司的基本情况；公司最近两年主要的财务数据和指标；管理层讨论与分析本年度内的主要经营情况，对持续经营能力进行评价，以及下一年度经营计划或目标；本年度内发生的所有诉讼、仲裁事项，履行的及尚未履行完毕的对外担保合同，股权激励计划，关联交易，股东及其关联方以各种形式占用或者转移公司的资金、资产及其他资源；股本变动及股东情况；董事、监事、高级管理人员及核心员工情况；公司治理及内部控制情况；公司财务报告。

2. 临时报告的披露

新三板对临时报告的披露的时间及内容做出了要求，即临时报告所涉及的重大事件最先触及下列任一事件后应及时履行首次披露义务：

（1）董事会或者监事会做出决议时；

（2）该事件已经泄露或者市场出现有关该事件的传闻；

（3）签署意向书或者协议时；

（4）公司知悉或者理应知悉重大事件发生时；

（5）该事件难以保密；

（6）公司股票及其衍生品种交易已发生异常波动。

3. 其他重大事件披露

新三板挂牌企业出现以下情形之一的，应当自发生之日起两个转让日内披露：

（1）任一股东所持公司 5% 以上股份被质押、冻结、司法拍卖、托管、设定信托或者被依法限制表决权；法院裁定禁止有控股权的大股东转让其所持股份；

（2）公司减资、合并、分立、解散及申请破产或者进入破产程序、被责令关闭；控股股东、实际控制人或者关联方占用资金；

（3）董事会就并购重组、股利分派、回购股份、定向发行股票或者其他证券融资方案、股权激励方案形成决议；

（4）变更会计师事务所、会计政策、会计估计；

（5）对外提供担保（挂牌公司对控股子公司担保除外）；

（6）控股股东或实际控制人发生变更；公司及其董事、监事、高级管理人员、公司控股股东、实际控制人在报告期内存在受到有权机构调查、司法纪检部门采取强制措施、被移送司法机关或追究刑事责任、中国证监会稽查或行政处罚、证券市场禁入、认为不适当人选或收到对公司生产经营有重大影响的其他行政管理部门处罚；

（7）因前期已披露的信息存在差错、未按规定披露或者虚假记载，被有关机构责令改正或者经董事会决定进行更正；

（8）主办券商或者全国股份转让系统公司认定的其他情形。

发生违规对外担保、控股股东或者其关联方占用资金的公司应当至少每月发布一次提示性公告，披露违规对外担保或资金占用的解决进展情况。

此外，如果公司正在筹划重大事项，但该事项难以保密或已出现传闻、股价产生异动，也是要披露的。

知识链接 哪些情形需要披露临时报告？

（1）挂牌公司召开董事会会议，会议内容涉及应当披露的重大信息，公司应当以临时公告的形式及时披露；决议涉及根据公司章程规定应当提交经股东大会审议的收购与出售资产、对外投资（含委托理财、委托贷款、对子公司投资等）等事项，公司应当在决议后及时以临时公告的形式进行披露。

（2）挂牌公司召开股东大会，应当在会议结束后两个转让日内将相关决议以临时公告的形式进行披露。

（3）除日常关联交易之外的其他关联交易，挂牌公司应当经过股东大会审议并以临时公告的形式进行披露。

（4）挂牌公司应当在董事会审议通过利润分配或资本公积转增股本方案后，以临时公告的形式披露方案的具体内容，并于实施方案的股权登记日前披露方案实施公告。

（5）挂牌公司对涉案金额占公司最近一期经审计净资产绝对值10%以上的重大诉讼、仲裁事项以临时公告的形式进行披露。

（6）股票转让被全国股份转让系统认定为异常波动的，挂牌公司应当于次一股份转让日披露异常波动公告。

（7）公共媒体传播的消息可能或者已经对公司股票转让价格产生较大影响的，挂牌公司应当及时向主办券商提供有助于甄别传闻的相关资料，并决定是否发布澄清公告。

（8）实行股权激励计划的挂牌公司，应当严格遵守全国股份转让系统的有关规定，并履行披露义务。

（9）限售股份在解除转让限制前，挂牌公司应披露相关公告。

（10）在挂牌公司中拥有的权益份额达到该公司总股本5%及以上的股东，其拥有权益份额变动达到全国股份转让系统规定标准的，该股东应当按照要求及时通知挂牌公司并披露权益变动公告。

（11）全国股份转让系统对挂牌公司实行风险警示或做出股票终止挂牌决定后，公司应当及时披露。

（12）挂牌公司出现以下情形之一的，应当自事实发生之日起两个转让日内以临时公告的形式披露：

1）控股股东或实际控制人发生变更；

2）控股股东、实际控制人或者其关联方占用资金；

3）法院裁定禁止有控制权的大股东转让其所持公司股份；

4）任一股东所持公司 5% 以上股份被质押、冻结、司法拍卖、托管、设定信托或者被依法限制表决权；

5）公司董事、监事、高级管理人员发生变动，董事长或者总经理无法履行职责；

6)公司减资、合并、分立、解散及申请破产的决定，或者依法进入破产程序、被责令关闭；

7）董事会就并购重组、股利分派、回购股份、定向发行股票或者其他证券融资方案、股权激励方案形成决议；

8）变更会计师事务所和会计政策；

9）公司及其董事、监事、高级管理人员、公司控股股东、实际控制人在报告期内存在受有权机关调查、司法纪检部门采取强制措施、被移送司法机关或追究刑事责任、中国证监会稽查、中国证监会行政处罚、证券市场禁入、认定为不适当人选，或收到对公司生产经营有重大影响的其他行政管理部门处罚；挂牌公司和相关信息披露义务人披露承诺事项的，应当严格披露承诺事项。

新三板挂牌公司信息披露规定及监管措施

新三板挂牌公司信息披露规定

全国中小企业股份转让系统面对的企业与沪深交易所不同，到新三板挂牌的企业数量众多，规模各异。其中，成立时间短、资本市场涉入浅的中小企业占到相当数量。如何对丰富多样的众多企业实行有效监管，股转系统给出的解决办法是做好信息披露。

2014 年 11 月 6 日，股转系统实现了电子化报送项目的反馈意见及反馈意见回复公开。至此，股转系统挂牌审查从流程、标准到进度、过程均已实现公开透明。

信息披露一直是上市公司和非上市公众公司在日常运营中的一项重要工

作。作为我国多层次资本市场的重要组成部分，全国中小企业股份转让系统对挂牌公司的信息披露也有着严格的要求。

股转系统规范挂牌公司信息披露的规定主要有《全国中小企业股份转让系统业务规则（试行）》（以下简称《业务规则》）、《全国中小企业股份转让系统挂牌公司信息披露细则（试行）》（以下简称《信息披露细则》）、《全国中小企业股份转让系统挂牌公司年度报告内容与格式指引（试行）》（以下简称《年报格式》）。

根据上述规定，对于违规进行信息披露的主体，全国中小企业股份转让系统有限责任公司，可以对监管对象采取自律监管措施，除自律监管措施外，对于监管对象严重违反股转系统业务规则及其他相关业务规定的，股转系统公司视情节轻重，给予不同程度的处分。

根据《业务规则》规定，纪律处分措施主要包括以下几方面：

（1）通报批评；

（2）公开谴责，认定其不适合担任董事、监事、高级管理人员；

（3）限制、暂停，直至终止其从事相关业务（主办券商）；被采取纪律处分措施的主体都将被记入证券期货市场从业诚信档案数据库。

自律监管措施的内容

自律监管措施包括以下几方面：

（1）要求对有关问题做出解释、说明和披露；

（2）要求聘请中介机构对公司存在的问题进行核查并发表意见（申请挂牌公司、挂牌公司）；

（3）约见谈话；

（4）要求提交书面承诺；

（5）出具警示函；

（6）责令改正；

（7）暂不受理相关文件（主办券商、证券服务机构或其相关人员）；

（8）暂停解除股票限售（挂牌公司控股股东、实际控制人）；

（9）限制证券账户交易；

（10）向中国证监会报告有关违法、违规行为；

（11）其他自律监管措施。

信息披露违规行为及处理措施

信息披露违规行为

信息披露一直是上市公司和非上市公众公司在日常运营中的一项重要工作，作为我国多层次资本市场的重要组成部分，全国中小企业股份转让系统对挂牌公司的信息披露也有着严格的要求。但对于制度要求，不少挂牌企业还在不断熟悉的过程中，下面对新三板挂牌公司常出现的违规问题进行归纳，具体内容如下。

（1）主办券商的违规行为；

（2）关联方事宜披露不完整；

（3）董事长或实际控制人被司法机构要求协助调查信息未及时披露；

（4）公司控股股东或实际控制人违规占用公司资金未信息披露；

（5）未按照规定披露半年度报告、年度报告；

（6）未及时披露公司涉及的诉讼纠纷；

（7）未披露年度股东大会情况；

（8）年报信息披露不完整；

（9）年报披露使用未经会计师事务所正式出具的审计报告；

（10）未在规定时间内披露季度报告、半年度报告、年度报告。

常见三类违规行为的处理措施

从股转系统公告的信息来看，新三板挂牌公司信息披露违规行为主要分为披露信息遗漏或瑕疵、未及时信息披露和未履行核准程序前披露信息三类，下面详细介绍一下这三大类违规行为的处理措施。

1. 披露信息遗漏或瑕疵

披露信息遗漏或瑕疵的问题在年报披露时尤为突出，具体存在以下几种情形：

（1）年报遗漏审计报告正文或附注；

（2）未按规定更正年报信息或年报信息与审计报告不一致；

（3）挂牌公司存在关联方、关联交易等事项遗漏的情况。

2. 未及时信息披露

未及时信息披露主要体现在公司出现相关重大事项时未披露或滞后披露。证监会此前公布的《公开发行公司债券监管问答（二）》第四项中指出："最近一期财务报告截止日后，发行申请核准前，发行人发生可能影响发行条件或偿债能力重大事项的，应当及时报告，说明是否影响发行条件，或补充披露相关事项及其对偿债能力的影响。"

与此同时，证监会表示，发行人、主承销商未及时报告、披露重大事项或采取必要措施的，证监会将依据《公司债券发行与交易管理办法》第五十八条的规定，对相关机构和责任人员采取责令改正、监管谈话、出具警示函、责令公开说明、责令参加培训、责令定期报告、认定为不适当人选、暂不受理与行政许可有关的文件等相关监管措施；依法应予行政处罚的，依照《证券法》《行政处罚法》等法律、法规和中国证监会的有关规定进行处罚；涉嫌犯罪的，依法移送司法机关，追究其刑事责任。

3. 未履行核准程序前披露信息

从股转系统公布的情况看，挂牌公司往往同时存在公司股东人数超过 200 人、向特定对象发行股票，以及未经中国证监会核准，便违规披露认购公告进行认购等违规行为。

股转系统公司在对信息披露违规的公司处以纪律处分或自律监管措施的同时，也根据相关责任人的不同违规行为给予约见谈话、出具警示函，或通报批评的纪律处分。

此外，需要注意的是，虽然所有信息披露义务主体都负有按规定履行披露义务的责任，但不同类型的主体在履行披露义务中容易发生的违规行为不尽相同。在实际操作中，不同的信息披露义务主体应根据股转系统规则要求，结合自身特点，注意避免违规行为的发生。

信息披露违规案例解读——可来博

案例内容：

2014 年 2 月 11 日，全国股转系统公司发布通告称，2014 年北京中科可来博电子科技股份有限公司（证券代码 430134）披露的临时公告和 2013 年度报告存在多项违规情形。

全国股转系统称，经查实，可来博存在的违规行为包括：2014 年年度股东大会结束后未进行信息披露；2014 年 5 月 12 日发布的临时公告未加盖董事会公章；2013 年年度报告中所披露的审计报告为会计师事务所提供的审计报告初稿，欠缺注册会计师签字、会计师事务所盖章，且落款日期与会计师事务所正式出具的版本不一致。

东方花旗作为可来搏的主办券商未对可来博披露临时公告的董事会公章进行核查；在可来博未提交会计师事务所正式出具的审计报告的情况下为其进行信息披露，对于该行为未及时向股转公司报告或发布风险警示公告。股转公司认为，东方花旗未能尽职履行持续督导义务，未能督导可来博诚实守信、规范履行信息披露义务、完善公司治理，违反了新三板的业务规则，故对其采取约见谈话的监管措施。根据业务规则，全国股转系统对该公司及其董事长、董事会秘书及时任财务总监实施了通报批评的纪律处分，并记入证券期货市场诚信档案数据库。

案例分析：

经查实，可来博存在以下违规行为：

（1）2013 年年度股东大会结束后未进行信息披露，违反了《全国中小企业股份转让系统挂牌公司信息披露细则（试行）》第二十九条的规定；

（2）2014 年 5 月 12 日发布的临时公告未加盖董事会公章，违反了《全国中小企业股份转让系统挂牌公司信息披露细则（试行）》第二十一条的规定；

（3）2013 年年度报告中所披露的审计报告为会计师事务所提供的审计报告初稿，欠缺注册会计师签字、会计师事务所盖章，且落款日期与会计师事务所正式出具的版本不一致。因此，可来博 2013 年年报披露使用未经会计师事务所正式出具的审计报告的行为违反了《非上市公众公司监督管理办法》第二十条、第二十二条，《全国中小企业股份转让系统挂牌公司信息披露细则（试行）》第四条、第十三条的规定。

经查实，可来博的主办券商东方花旗存在以下违规事实：

（1）东方花旗作为可来搏的主办券商未对可来博披露临时公告的董事会公章进行核查；

（2）东方花旗在可来博未提交会计师事务所正式出具的审计报告的情况下为其进行信息披露，对于该行为未及时向全国股转公司报告或发布风险警示公告；

作为可来博的主办券商，东方花旗未能督导可来博诚实守信、规范履行信息披露义务、完善公司治理，违反了全国股转公司《业务规则》第 5.7 条和《信息披露细则》第十条的规定。

经查实，为可来博出具审计报告的中审亚太会计师事务所存在以下违规行为：

（1）对于可来博年报中使用未经会计师事务所盖章、注册会计师签字的审计报告的情况，中审亚太在明知的情况下，并未积极向有关主管部门报告；

（2）其在年报披露结束超过两个多月后才向全国股转公司进行举报，没有做到勤勉尽责和诚实守信，违反了全国股转公司《业务规则》第 1.7 条的规定。

案例警示：

鉴于以上违规事实，根据《全国中小企业股份转让系统业务规则（试行）》的规定，全国股转公司对可来博公司做出以下裁定：

（1）对可来博及其董事长、董事会秘书、财务负责人一并采取通报批评的纪律处分措施；

（2）对可来博其他七名董事、监事采取出具警示函的监管措施；

（3）对可来博的主办券商东方花旗采取约见谈话的监管措施；

（4）对为可来博出具审计报告的中审亚太会计师事务所采取约见谈话的监管措施。

根据此案例我们可以得出如下经验：

（1）挂牌公司及相关信息披露义务人应当及时、公平地披露所有对公司股票及其他证券品种转让价格可能产生较大影响的信息，并保证信息披露内容的真实、准确、完整，不存在虚假记载、误导性陈述或重大遗漏。

（2）主办券商应当指导和督促所推荐挂牌公司规范履行信息披露义务，对其信息披露文件进行事前审查。发现拟披露信息或已披露信息存在任何错误、遗漏或者误导的，或者发现存在应当披露而未披露事项的，主办券商应当即时要求挂牌公司进行更正或补充。

如挂牌公司拒不更正或补充的，主办券商应当在两个转让日内发布风险揭示公告并向全国股份转让系统公司报告。

（3）会计师事务所等证券服务机构在全国股转系统从事相关业务，应严格履行法定职责，遵守行业规范，勤勉尽责，诚实守信，并对出具文件的真实性、准确性、完整性负责。

第六章 新三板市场融资

2016年2月15日消息称，全国中小企业股份转让系统发布了2016年1月挂牌公司股票发行相关情况，数据显示，2016年1月新三板发生298次股票发行，发行金额总计144.36亿元，发行次数较2015年12月减少1.3%，发行金额增加33.32%。由此可见，新三板市场的融资功能正日益增强。

融资是新三板市场的核心要素，也是其功能的体现。本章从融资的角度，分别对新三板市场融资、新三板股票融资、常见的融资方式介绍以及私募债发行流程等方面进行介绍，力求让投资者更深刻地理解新三板市场，为其做出投融资决策提供指导。

新三板发行股票融资

股票融资是指，挂牌企业不通过金融中介机构，而是借助股票这一载体直接从资金盈余部门（或个体）获取资金，资金供给者作为所有者（股东）享有对企业控制权的融资方式。

新三板企业股票融资发行主要依据的是《非上市公众公司监督管理办法》《全国中小企业股份转让系统关于股票发行情况报告书必备内容的规定》《全国中小企业股份转让系统挂牌公司股票发行备案业务指南》等法规的规定。通常来说，新三板发行股票融资需要注意以下几点。

1. 发行对象

股票发行对象包括：

（1）公司股东；

（2）公司的董事、监事、高级管理人员、核心员工（核心员工的认定，应当由公司董事会提名，并向全体员工公示和征求意见，由监事会发表明确意见后，经股东大会审议批准）；

（3）符合投资者适当性管理规定的自然人投资者、法人投资者及其他经济组织。

此外，需要注意的是，公司确定发行对象时，除原股东外的新增股东合计不得超过35名。

2. 发行方式

挂牌企业可按照相关规定发行普通股、优先股、定向增发及私募债等股票方式进行融资（详细内容见下节，此处不详细介绍）。

《全国中小企业股份转让系统关于股票发行情况报告书必备内容的规定》就股票发行情况报告书中有关发行基本情况做出了明确的规定，详细如下：

（1）公司应当与发行对象签订包含风险揭示条款的认购协议。

（2）公司董事会应当依法就本次股票发行的具体方案做出决议，并提请股东大会批准，股东大会决议必须经出席会议的股东所持表决权的2/3以上通过。

（3）发行情况应包括本次发行股票的数量、发行价格、发行对象情况及认购股份数量等。

（4）发行对象用非现金资产认购发行股票的，还应当说明交易对手是否为关联方、标的资产审计情况或资产评估情况、董事会关于资产定价合理性的讨论与分析等。

（5）非现金资产应当经过具有证券、期货相关业务资格的会计师事务所、资产评估机构审计或评估。非现金资产若为股权资产，应当提供会计师事务所出具的标的资产最近一年一期的审计报告，审计截止日距审议该交易事项的股东大会召开日不得超过六个月；非现金资产若为股权以外的其他非现金资产，应当提供资产评估事务所出具的评估报告，评估基准日距审计该交易事项的股东大会召开日不得超过一年。

（6）资产交易价格以经过审计的账面价值为依据的，挂牌公司董事会应当结合相关资产的盈利能力说明定价的公允性。

（7）资产交易根据资产评估定价，在评估机构出具资产报告后，挂牌公司董事会应当对评估机构的独立性、评估假设前提和评估结论的合理性、评估方法的适用性、主要参数的合理性、未来收益预测的谨慎性等问题发表意见。

3. 发行程序

发行程序流程如下：

（1）设立发行股票的程序发起人认足股份，交付出资发起人提出募集股份申请；

（2）公告招股说明书，制作认股书；

（3）办理公司设立登记，交割股票；

（4）召开创立大会，选举董事会、监事会招认股份；

（5）缴纳股款。

4. 豁免申请

为落实《国务院决定》，证监会对《非上市公众公司监督管理办法》进行了修改，内容规定如下：公众公司向特定对象发行股票后股东累计不超过 200 人的，或者公众公司在 12 个月内发行股票累计融资额低于公司净资产的 20% 的，可向中国证监会申请豁免核准。

新三板常见融资方式介绍

新三板的定位主要是为创新型、创业型、成长型中小企业发展提供服务。由于这类企业普遍规模较小，尚未形成稳定的盈利模式，而新三板具有挂牌门槛低、挂牌费用少、挂牌效率高等特点及优势，不仅能帮助企业树立良好的公众形象，增加企业品牌的价值，更重要的是能为企业提供更多更便捷的融资途径。下面介绍一下新三板常见的融资方式。

发债融资

发债融资分为公司债和私募债两种，详细介绍如下。

1. 公司债

公司债是指由企业发行的债券。公司债相较于其他金融类产品，具有以下几方面的优势：

融资成本低；融资渠道多元化，有利于优化债务结构；提升公司价值，及不会稀释原有股东的控制权。

2. 私募债

私募债是指发行者以少数特定投资者作为募集对象而发行的约定一定期限内还本付息的债券。私募发行是债务融资工具向合格投资人定向发行的创新发行方式，具有发行便捷、期限灵活、条款双方协商等特点。这些特点和我国债券市场的市场化方向不谋而合，对我国债券市场发展具有重要意义。

私募相较于其他金融类产品，具有以下几方面的优势：

（1）备案便捷，发行条件宽松；

（2）融资规模不受限制，期限相对较长；

（3）资金用途灵活，成本相对较低；

（4）可为企业提供隐性宣传。

债权融资

按大类来分，企业的融资方式分为债权融资和股权融资两大类。债权融资是指企业通过举债的方式进行融资，债权融资所获得的资金，企业需要支付利息，并在借款到期后向债权人偿还本金，常见的债权融资模式有以下几大类。

1. 银行信用

银行信用是债权融资的主要形式，主要分为国内银行贷款和国外银行贷款两种。

国内银行	国外银行
指银行以一定的利率将资金贷放给资金需要者，并约定期限归还的一种经济行为。企业对融资的需求不同，对融资渠道的选择就不同。如果需要一种风险小、成本低的资金，银行贷款是最合适的。建立良好的银企关系，合理利用银行贷款，是中小企业解决资金困难、取得经营成功的重要手段。	指由外资银行向企业提供的贷款。 在我国加入世界贸易组织协议后，对于银行业的开放是逐步推进的。目前，我国金融监管当局已经取消了中资企业向外资银行申贷的审批，取消了对外资金融机构外汇业务对象的限制。这意味着以前只有对三资企业、港澳台和外国人提供外汇业务的外资银行，可以把外汇业务服务对象扩大到中国境内所有单位和个人。

银行融资渠道

2. 发行债券融资

债券是企业直接向社会筹措资金时，向投资者发行，承诺按既定利率支付利息并按约定条件偿还本金的债务凭证。

债券的本质是债的证明书，具有法律效力。《公司法》规定，股份有限公司、国有独资公司和两个以上的国有企业或者两个以上的国有独资主体投资设立的有限责任公司，为了筹集生产经营资金，可以发行公司债券。

3. 融资租赁

融资租赁指实质上转移与资产所有权有关的全部或绝大部分风险和报酬的租赁。资产的所有权最终可以转移，也可以不转移。

融资租赁和传统租赁的一个本质的区别就是：传统租赁以承租人租赁使用物件的时间计算租金，而融资租赁以承租人占用融资成本的时间计算租金。

4. 民间借贷融资

民间借贷是指自然人之间或自然人与法人、其他组织之间的借贷关系。

在我国，民间借贷活动一直游离于现行金融体制之外，处于地下状态。民间借贷多发生在经济较发达、市场化程度较高的地区，例如我国广东、江浙地区。这些地区经济活跃，资金流动性强，资金需求量大。市场存在现实需求决定了民间借贷的长期存在并且业务兴旺。这种需求表现为：一方面，国有商业银行对中小企业普遍存在一定程度的“忽视”，中小企业出于自身生存和发展的要求，迫切需要资金支持，但在正规融资渠道又受到长期排斥。另一方面，民间又确有大量的游资找不到好的投资渠道。正是这样的资金供求关系催生了民间借贷，并使之愈演愈烈。

股权融资

股权融资是指企业通过出让部分企业所有权，以企业增资的方式引进新的股东进行融资。股权融资所获得的资金，企业无须还本付息。但需要注意的是，新股东将与老股东同样分享企业的赢利与增长，常见的股权融资模式有以下几大类。

1. 股权出让融资

股权出让融资，是指中小企业出让企业的部分股权，以筹集企业所需要的资金。股权出让融资可以划分为溢价出让股权、平价出让股权和折价出让股权几类。

此外，按出让股权所占比例，又可以划分为出让企业全部股权、出让企业大部分股权和出让企业少部分股权。

2. 增资扩股融资

增资扩股融资，是指中小企业根据发展的需要，扩大股本，融入所需资金。

按扩充股权的价格与股权原有账面价格的关系，可以划分为溢价扩股、平价扩股。

此外，按资金来源划分，可以分为内源增资扩股（集资）与外源增资扩股（私募）。

3. 产权交易融资

产权交易是企业财产所有权及相关财产权益的有偿转让行为和市场经营活动，是指除上市公司股份转让以外的企业产权的有偿转让。

产权交易融资可以是企业资产与资产的交换、股份与股份的交换，也可以是用货币购买企业的资产，或用货币购买企业的股份，也可以是上述几种形式的综合。

4. 杠杆收购融资

杠杆收购属于债务融资，是指通过增加公司财务杠杆力度的办法筹集收购资金来获得对目标企业的控制权，并用目标公司的现金流量来偿还债务。

与其他收购方式明显不同的是，在杠杆收购中一般借入资金占收购资金总额的 70%~80%，其余部分为自有资金。通过杠杆收购方式重新组建后的公司总负债率为 85% 以上。

5. 引进风险投资

风险投资是一种投资于极具发展潜力的高成长性风险企业的模式，其运营主要分为资金的进入、风险企业的生产经营和风险资本的退出这三个阶段。一个风险企业从创业到发展壮大一般则要经过种子期、创建期、扩展期和成熟期四个阶段。

6. 国内上市融资

我国的股票市场正处于发展阶段。对于企业中符合发行股票要求的企业来说，可以考虑利用股票市场筹集所需资金。

除了采用股票进行融资外，中小型企业还可以通过发行股票来发展壮大企业。

7. 境外上市融资

境外上市融资，是企业根据国家的有关法律在境外资本市场上市发行股票融资的一种模式。

目前我国企业实际可选择的境外资本市场包括美国纽约股票交易所、纳斯达克股票市场、伦敦股票交易所、新加坡股票交易所、香港联合证券交易所（简称香港联交所）主板和创业板市场。其中香港联交所是国内企业境外上市融资的首选。

8. 定向增发融资

定向增发融资，是发行股票进行股权融资的一种，随着制度的完善和平台的健全，也可以将发行流通的股份进行质押融资。

根据《非上市公众企业监督管理办法》和《全国中小企业股份转让系统有限责任企业管理暂行办法》等规定，新三板简化了挂牌企业定向发行核准程序，对符合豁免申请核准要求的定向发行实行备案制管理，同时对定向发行没有设定财务指标等硬性条件，只需要在企业治理、信息披露等方面满足法定要求即可。

定向增发基本流程如下：挂牌公司提交备案登记表及相应材料→全国股份转让系统公司出具股份登记函→挂牌公司股份登记并公布相关公告→挂牌企业完成备案→定向发行股票挂牌转让。

此外，在股权融资方面，允许企业在申请挂牌的同时定向发行融资，也允许企业在挂牌后再提出定向发行要求，可以申请一次核准，分期发行。

内源融资

内源融资是指公司经营活动结果产生的资金，即公司内部融通的资金，它主要由留存收益和折旧构成。

企业除了从外部融资外，还可以通过对利润分配方式的科学合理安排，从而获得需要的资金。常用的内源融资方式有以下几种。

1. 留存盈余融资

留存盈余融资是企业内部融资的重要方式，留存盈余是企业缴纳所得税后形成的，其所有权属于股东。股东将这一部分未分配的税后利润留存于企业，实质上是对企业追加投资。

这种方式能够直接增加企业积累能力，吸引投资者和潜在投资者投资，增强其投资信心，为企业的进一步发展打下良好的基础。

2. 资产管理融资

企业可以通过对资产进行有效科学的管理，节省企业在资产上的资金占用，也可以扩大企业的资金来源。

3. 票据贴现融资

票据贴现融资，是指票据持有人在资金不足时，将商业票据转让给银行，银行按票面金额扣除贴现利息后将余额支付给收款人的一项银行授信业务，是企业为加快资金周转、促进商品交易而向银行提出的金融需求。

在我国，商业票据主要是指银行承兑汇票和商业承兑汇票。以商业票据进行支付是商业中很普遍的现象，但如果企业需要灵活的资金周转，往往需要通过票据贴现的形式使手中的“死钱”变成“活钱”。贴现者可预先得到银行垫付的融资款项，加速公司资金周转，提高资金利用效率。

4. 资产典当融资

典当是指当户将其动产、财产权利作为当物质押或者将其房地产作为当物抵押给典当行，交付一定比例费用，取得当金并在约定期限内支付当金利息、偿还当金、赎回典当物的行为。

典当迄今已有 1700 多年的历史。在中国近代银行业诞生之前，典当是民间主要的融资渠道，在调剂余缺、促进流通、稳定社会等方面占据相当重要的地位。

现在典当行是以实物占有权转移形式为非国有中小企业和个人提供临时性质押贷款的特殊金融企业，典当融资是我国中小企业融资渠道的有效补充。

其他融资模式

除了上述融资渠道外，还有一些其他不同类型的融资模式，介绍如下。

1. 高新技术融资

高新技术融资，即用高新技术成果进行产业化融资的一种模式，是科技型中小企业可以采用的一种适用的融资模式。

科技型中小企业具有建设所需资金少、建成周期短、决策机制灵活、管理成本低廉、能够适应市场多样性的需求等特点，特别是在创新机制和创新效率方面具有其他企业无法比拟的优势。

近年来的发展表明，科技型中小企业无论是在数量上还是在质量上，都已经成为国民经济的重要组成部分，是国家经济发展新的、重要的增长点。

2. 产业政策投资

产业政策投资，是指政府为了优化产业结构，促进高新技术成果产业化而提供的政策性支持投资。

政策性支持投资可以分为财政补贴、贴息贷款、优惠贷款和税收优惠政策等。中央政府和地方政府为了提高我国经济建设的水平，促进产业和行业经济繁荣，分别有针对性地给予了各行各业大量优惠性政策支持，详情可查阅所在地区推出的优惠性政策通知。

3. 专项资金投资

专项资金投资，指投资于专项用途的资金。为了繁荣市场经济，促进产业竞争力的加强，近年来我国政府财政出资设立了针对特定项目的专项资金。这对于广大中小企业尤其是在某一行业、某一领域具有一定竞争力的中小企业来说，是获取融资、为企业长远发展扩充资源的良好机会。

4. 信托融资模式

信托是以资产为核心、信任为基础、委托为方式的财产管理制度。信托融资是指利用信托的方式为项目筹集资金，可以既融资又融物，在信用关系上体现了委托人、受托人和受益人的多边关系，在融资形式上实现了直接融资和间接融资相结合，在信用形式上成为银行信用和商业信用的结合点。

全国中小企业股份转让系统发布的 2016 年 1 月挂牌公司股票发行相关情况的数据显示，2016 年 1 月新三板整体融资 298 次，整体融资金额 144.36 亿元人民币。业内人士表示，由此可看出随着新三板市场挂牌公司日益增多，融资需求也会越来越大。

中小企业私募债券融资基本要素

中小企业私募债券，是指中小型企业在中国境内以非公开形式发行和转让，约定在一定期限内还本付息的公司债券。

中小企业私募债券的推出扩大了资本市场服务实体经济的范围。强化了直接金融与中小企业的有效对接，加强了资本市场服务民营企业的深度和广度，其形成的基本要素有以下几点。

1. 审核体制

中小企业私募债券发行由承销商向上交所或深交所备案，深交所规定：备案材料齐全的确认接受材料，自接受材料之日起十个工作日内决定接受备案。交易所对报送材料只进行完备性审核，并不对材料具体内容做实质性审核。如接受备案，交易所将出具《接受备案通知书》。私募债券发行人取得《接受备案通知书》后，需要在六个月内完成发行。《接受备案通知书》自出具之日起六个月后自动失效。

2. 发行规模及期限

中小企业私募债券发行的规模不受净资产的 40% 的限制，但一般应控制在不超过净资产规模。

中小企业私募债券发行的期限在一年以上，上交所明确发行期限在三年以下。

3. 发行条件

中小企业私募债券发行需提交最近两年经审计财务报告，但对财务报告中的利润情况无要求，不受年均可分配利润不少于公司债券一年的利息的限制。

4. 发行人类型

中小企业私募债券是未上市中小型企业以非公开方式发行的公司债券。试点期间，符合工信部《关于印发中小企业划型标准规定的通知》的未上市非房地产、金融类的有限责任公司或股份有限公司，只要发行利率不超过同期银行贷款基准利率的三倍，并且期限在一年（含）以上，可以发行中小企业私募债券。

5. 发行方式

中小企业私募债券发行的方式重点突出在私募上，即非公开发行，可一次或分两期发行（上交所）。发行人应当在取得备案通知书的六个月内发行。两个或两个以上的发行人可采取集合方式发行。发行人可为私募债券设置附认股权或可转股条款。

6. 发行利率

中小企业私募债券发行的利率应不超过同期贷款基准利率三倍。鉴于发行主体为中小企业且为非公开发行方式，流动性受到一定限制，中小企业私募债券发行利率高于企业债、公司债等。

7. 投资者类型

投资者需具有适当性，主要是指适格的机构投资者及个人投资者。

适格的机构投资者包括：金融机构；金融机构发行的理财产品；注册资本不低于1000万的企业法人；认缴出资额不低于5000万元，实缴出资额不低于1000万元的合伙人。

此外，发行人的董事、监事、高级管理人员及持股比例超过5%的股东，同样可以参与本公司发行私募债券的认购。且承销商可参与其承销私募债券的认购与转让。

8. 募集资金用途

中小企业私募债券的募集资金用途无特殊限制，可用于偿还债务或补充营运资金，募集资金用途较为灵活。

9. 担保及评级

监管部门出于对风险因素的考虑，为降低中小企业私募债券风险，鼓励中小企业私募债券采用担保发行，对是否进行信用评级没有硬性规定，也不强制要求担保。私募债券增信措施以及信用评级安排由买卖双方自主协商确定，发行人可采取其他内外部增信措施，提高偿债能力，控制私募债券风险。

10. 财务状况

（1）净资产规模尽可能大，净资产规模超1亿元为佳；

（2）盈利能力较强，可覆盖一年的债券利息，未来盈利具有可持续性；

（3）偿债能力较强，资产负债率不高于75%为佳；

（4）经营活动现金流为正且保持良好水平，其关联交易与同业竞争不用披露。

11. 转让流通

在上交所固定收益平台和深交所综合协议平台挂牌交易或证券公司进行柜台交易转让。发行、转让及持有账户合计限定为不超过 200 个。

根据《业务指南》，私募债券面值为人民币 100 元，价格最小变动单位为人民币 0.001 元。私募债券单笔现货交易数量不得低于 5000 张或者交易金额不得低于人民币 50 万元。私募债券成交价格由买卖双方在前收盘价的上下 30% 之间自行协商确定。私募债券当日收盘价为债券当日所有转让成交的成交量加权平均价；当日无成交的，以前收盘价为当日收盘价。

中小企业私募债券发行流程

中小企业私募债券的整个发行流程的工作大致可以分为五个阶段，分别是前期准备阶段、材料制作阶段、申报阶段、备案阶段及发行阶段。每一阶段都各有具体的工作流程及重点事宜，详细介绍如下。

前期准备阶段

1. 公司决议

申请发行私募债券，应当由发行人董事会制定方案，由股东会或股东大会对下列事项做出决议：

（1）发行债券的名称；

（2）本期发行总额、票面金额、发行价格、期限、利率确定方式、还本付息的期限和方式；

（3）承销机构及安排；

（4）募集资金的用途及私募债券存续期间变更资金用途程序；

（5）决议的有效期。

2. 审计工作

审计工作应做好备案材料的前期准备，备案材料包含发行人经具有执行证券、期货相关业务资格的会计师事务所审计的最近两个完整会计年度的财务报告。

一般审计工作所需时间最长，而财务数据定稿决定了其他备案文件的完成时间。

3. 尽职调查

此阶段主承销商、律师、会计师等所在的中介机构会分别对企业进行尽职调查。为了加快项目进程，上述机构也可一起对企业进行尽职调查。

此外，尽职调查期间，主承销商与发行人商定私募债券具体发行方案。中小企业作为私募债券发行人须根据中介机构要求配合完成尽职调查。

4. 确定发行方案

在此项工作中，具体要做到四确定，即确定发行规模、期限、募集资金用途等常规方案（具体方案在项目过程中仍可讨论修改）；确定私募债券受托管理人、承销商、上市商业银行为私募债券提供担保机构，不得担任该债券受托管理人；确定担保方式（第三方担保，财产抵质押），积极寻找担保方，联系担保工作；确定偿债保障金账户银行。

此时，中小企业角色职责上要与主承销商就具体方案进行磋商，选择债券托管人及偿债保障金账户银行。

材料制作阶段

1. 流程步骤准备

此阶段具体工作内容如下：

（1）完成评级、担保工作；

（2）签署各项协议文件（承销协议、受托管理协议、债券持有人会议规则、设立偿债保障金专户、担保函、担保协议）；

（3）中介机构撰写承销协议、募集说明书、尽职调查报告等；

（4）律师出具法律意见书；

（5）完成上报文件初稿。

2. 重点工作部署

在材料制作阶段重要的是完成担保工作和签署协议文件两大方面，具体内容如下：

（1）完成担保工作。

证券交易所鼓励发行人采取一定的增信措施，以提高担保偿债能力，降低企业融资成本。

需要注意的是，目前受市场认可度较高的担保方式为第三方担保（担保公司），考虑到第三方担保需要尽职调查，且发行人需要准备相应反担保物，该环节耗时长，沟通较为复杂，需要尽早安排。

（2）签署协议文件。

需要签署的协议文件包括承销协议、受托管理协议、债券持有人会议规则、银行设立偿债保障金专户签订的协议、担保协议或担保函；协议文件的签署，保证了相关文件制作的顺利完成。

此外，需要注意的是，对签署协议各方都需要走公司内部流程，需要预留时间以防止耽误整体进程。

申报阶段

1. 流程步骤准备

此阶段具体工作内容如下：

（1）全部文件定稿；

（2）申请文件报送上交所、深交所备案；

（3）寻找潜在投资者。

2. 重点工作部署

申报阶段的重点工作是寻找投资者，在申报阶段，主承销商开始寻找本期债券的潜在投资人，进行前期沟通。

此外，中小企业私募债券发行者应配合主承销商做好企业宣传、推介工作。

备案阶段

1. 流程步骤准备

此阶段具体工作内容如下：

（1）证交所对备案材料进行完备性审查；

（2）备案期间与主管单位持续跟踪和沟通；

（3）出具《接受备案通知书》，完成备案。

2. 重点工作部署

备案阶段的重点工作是沟通协调，上报备案材料后，主承销商需要在备案期间与主管单位持续跟踪和沟通，保证债券顺利备案。

此外，中小企业私募债发行者应配合主承销商做好与主管单位的沟通工作。

发行阶段

1. 流程步骤准备

此阶段具体工作内容如下：

（1）发行推介及宣传；

（2）备案后六个月内择机发行债券。

2. 重点工作部署

发行阶段的重点工作主要是做好发行推介和把握好发行时机。

所谓发行推介是指，在发行阶段主承销商正式寻找本期债券投资人，进行充分沟通，积极推介企业。私募债券的合格投资者包括金融机构、金融机构发行的理财产品、企业法人、合伙企业以及高净值个人。因主承销商的销售实力与寻找潜在投资人的能力直接相关，进而对公司最终融资成本产生影响，故为申报阶段的重点。

而关于发行时机的选择，可在证券交易所备案后六个月内，发行人择机发行债券。此时主承销商通过对市场的研究，与发行人共同把握发行时机。优秀的承销商能够寻求更好的发行窗口，挖掘更多潜在的投资者，以低利率发行本期债券，为发行人降低发行成本。

通常来说，在整个中小企业私募债发行流程的五个阶段中，所需花费的时间上前三个阶段需要一个月左右，备案阶段预计一至两个月，发行阶段要在六个月内。但个别企业的发行时间还应以自己企业的实际情况为准。

转让服务

中小企业融资难是金融市场竞争的必然结果，而私募债券转让服务是解决该问题的一种新方式，其特点在于通过市场手段而非行政手段促进中小企业的融资，可以尽量避免对投资者的伤害以及市场秩序的影响。但是，私募债券转让不能毫无节制，应当建立相应的准入标准，明确定位其融资对象。

中小企业私募债券转让服务的具体内容如下：

（1）私募债券以现货及交易所认可的其他方式转让（证监会批准），合格投资者可通过交易所综合协议交易平台或通过证券公司进行私募债券转让；

（2）交易所按照申报时间的先后顺序对私募债券转让进行确认，对导致私募债券投资者超过 200 人的转让不予确认；

（3）中国证券登记结算有限责任公司根据交易所数据进行清算交收。

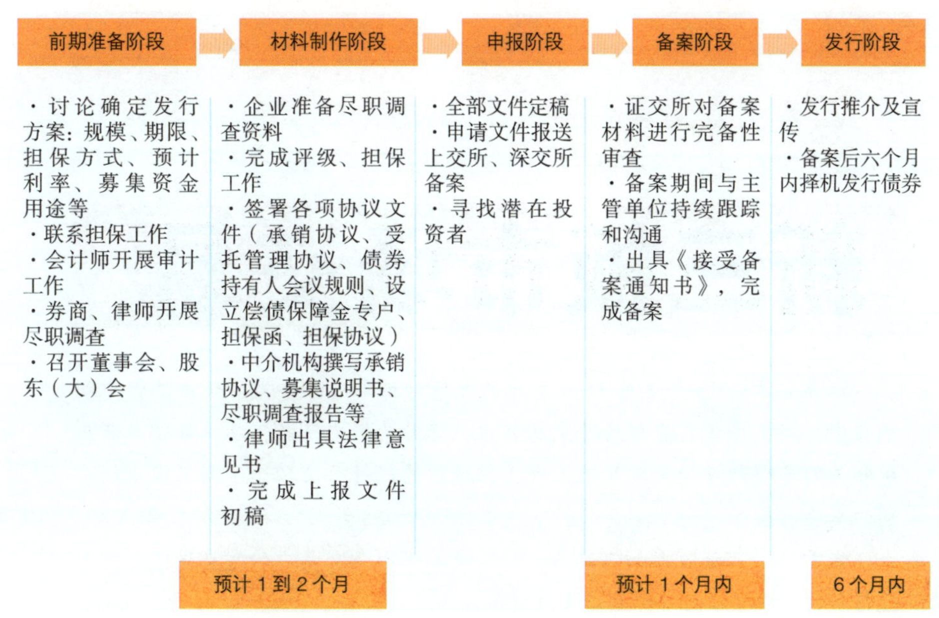

私募债券发行流程

知识链接　办理转让业务要点

办理转让业务时，需要重点注意以下事项：

（1）材料申报后与交易所积极沟通，做好反馈回复工作；

（2）积极寻找债券投资人，做好宣传推介工作；

（3）选择最佳发行窗口，顺利完成发行工作。

第七章 新三板市场交易

证监会于2015年7月31日发布的《场外证券业务备案管理办法》中明确指出，新三板正式告别场外交易舞台，晋升为场内交易市场。虽然与新三板相关的各项制度尚无实质性改变，但地位的提升再次预示了新三板市场广阔的发展前景。

本章从新三板股票如何交易、股票交易规则及交易中的常见误区等方面进行解析，希望以此给广大读者以启示。

新三板股票如何交易

从无人问津，到集体被追逐，新三板的狂热似乎在一夕之间达到了沸点。各路企业纷纷入市，新三板股票交易市场一片繁荣。新三板常见的股票转让方式有协议转让、委托买卖、做市转让和竞价转让四种类型。

那么，这几种转让方式有什么特点，企业该如何进行选择呢？

协议转让

协议转让主要有点击成交方式、互报成交确认申报及确认申报三种成交方式，详细介绍如下。

1. 点击成交方式

即投资者根据行情系统上的已有定价申报信息，提交成交确认申报，与指定的定价申报成交。

2. 互报成交确认申报

即投资者通过其主办券商、全国股份转让系统指定信息披露平台等途径，寻找欲转让的交易对手方，双方协商好交易要素和约定号，然后双方均通过全国股份转让系统提交约定号一致的成交确认申报，全国股份转让系统对符合规定的申报予以确认成交。

3. 定价申报

即投资者愿意以一定价格转让一定数量股份，则可以提交定价申报，除了盘中会与成交确认申报成交外，在每个转让日 15：00 收盘时，全国股份转让系统对价格相同、买卖方向相反的定价申报进行自动匹配成交。

委托买卖

委托买卖股票又称为代理买卖股票，是专营经纪人或兼营自营与经纪的证券商接受股票投资者（委托人）买进或卖出股票的委托，依据买卖双方各自提出的条件，代其买卖股票的交易活动。代理或委托买卖股票的具体方式有以下三种。

1. 当面委托

当面委托是客户到证券商的营业所，当面办理委托手续，提出委托买卖有价证券的要求。

这是一种相对传统的委托方式，具有稳定可靠的特点，中小额投资者通常采用这种方式。但不适宜与证券商的营业所距离较远及时间观念强的客户。

2. 电话委托

电话委托是客户使用电话等电讯手段，通知证券商的营业所，由营业员按电话内容填制委托书，据以办理委托业务。

这种方式具有方便、分散和保密的特点，大数额的投资者通常采用这种方式。

委托交易须遵循以下要求：

（1）委托价格不能修改，否则交易不能撮合；

（2）委托数量可以小于或等于对方协议报价委托数量，超过对方协议的委托处理方式为成交后剩余自动撤销；

（3）成交确认交易对手方委托数量存在零股的，成交确认委托必须为1000股的整数倍，超过部分处理方式为成交剩余撤销；

（4）当成交确认卖出股份存在零股时，可以一次性卖出，也可以分次卖出（每次卖出为1000股的整数倍，且卖出后剩余股数超过1000股），零股小于1000股时，需要一次性卖出。

（5）成交确认委托撤单仅限9:15至9:30之间，此时间段为主动撤单申请时间，连续交易时间内成交确认委托如果正常申报，均会成交。

竞价转让

所谓竞价转让，就是产权出让时通过公开征集，产生两位以上的意愿受让人，采用竞争交易的方式，通过价格或受让条件的差异来选择受让方的过程。对于竞价交易方式，《全国中小企业股份转让系统股票转让细则（试行）》规定，全国股份转让系统并行实施协议、做市和竞价三种转让方式，挂牌公司只要符合相应条件，就可以在三种转让方式中任选其一作为其股票的转让方式。竞价转让方式的实施需要一定的市场积累和技术准备。

竞价交易成交应遵循以下的原则。

1. 成交时价格优先的原则

买进申报：较高价格者优先；卖出申报：较低价格者优先。

申买价高于即时揭示最低卖价，以最低申卖价成交；申卖价低于最高申买价，以最高申买价成交。两个委托如果不能全部成交，剩余的继续留在单上，等待下次成交。

2. 成交时间优先的原则

买卖方向、价格相同的，先申报者优先于后申报者。先后顺序按交易主机接受申报的时间确定。

符合全国股份转让系统公司规定条件的挂牌企业均可采用竞价转让法。但具体条件应由全国股份转让系统公司另行制定。

国内的产权交易机构在操作企业转制出售过程中，已逐步摸索出一套行之有效的竞价方式，主要有“评审法”“一次报价法”“限次报价法”“不限次报价法”及“电子报价法”。这些方式不仅适应了产权交易的特点和要求，而且还充分发挥市场的价格发现功能，选择出企业改制的最终受让方。

做市转让

做市商转让，是指买卖双方通过证券公司的报价进行交易。

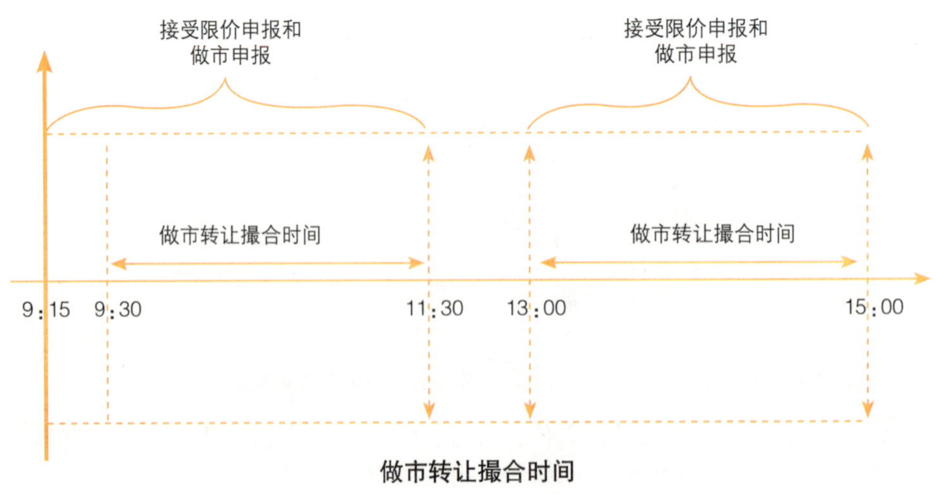

做市转让撮合时间

做市商实际上类似于“批发商”，即从做市公司处获得库存股，然后当投资者需要买卖股票时，投资者间不直接成交，而是通过做市商作为对手方，只要是在报价区间就有成交义务。因此做市商为新三板提供了流动性，股权相比协议转让来说流动性更好。

知识链接 新三板交易制度有哪些?

新三板交易制度是指在股份转让系统中对主体资格、交易规则、报价规则和登记结算的要求，主要表现在以下几个方面。

1. 以机构投资者为主

即以机构投资者为主，而自然人需限特定情况才允许投资。

2. 实行股份转让限售期

新三板对特定主体持有股份规定了限售期。

另外，对挂牌前增资、控股股东及实际控制人转让股份等也分别规定了限售期。

3. 设定股份交易最低限额

新三板交易设置了最低限额，即每次交易要求不得低于1000股，如投资者证券账户某一股份余额不足1000股的，只能一次性委托卖出。

4. 交易须主办券商代理

新三板交易须由主办券商全权代理。主办券商为企业代为办理报价申报、转让或购买委托、成交确认、清算交收等手续。

此外，挂牌公司及投资者在代办系统所进行的股份交易的相关手续均须经主办券商办理。

5. 依托新三板代办交易系统

新三板代办交易系统依托于深圳证券交易所建设，与中小板、创业板等并列于深圳交易所交易系统。

6. 投资者委托交易

投资者委托分为意向委托、定价委托和成交确认委托。其中，意向委托、定价委托和成交确认委托均可撤销，但已经报价系统确认成交的委托不得撤销或变更。

另外，需要注意的是，所提出委托当日即可生效。

7. 分级结算原则

新三板交易制度对股份和资金的结算实行分级结算原则。

新三板交易规则有哪些

新三板交易规则指的是在代办股份转让系统中对主体资格、交易规则、报价规则和登记结算等几方面出具的相关要求，主要表现在以下几个方面。

1. 主体资格认证

新三板交易以机构投资者为主。自然人仅限特定情况才允许投资。且新三板对自然人设置了一定的投资限制，具体条件如下：

（1）需要两年以上证券投资经验（以投资者本人名下账户在全国中小企业股份转让系统、上海证券交易所或深圳证券交易所发生首笔股票交易之日为投资经验的起算时点），或者具有会计、金融、投资、财经等相关专业背景。

（2）投资者本人名下前一交易日日终证券类资产市值在500万元人民币以上。证券类资产包括客户交易结算资金、股票、基金、债券、券商集合理财产品等，信用证券账户资产除外。

2. 实行股份转让限售期

新三板对特定主体持有股份规定限售期，另对挂牌前增资、控股股东及实际控制人转让股份等也分别规定了限售期。

3. 设定股份交易最低限额

新三板设定了股份交易最低限额，即每次交易要求不得低于1000股。如投资者证券账户某一股份余额不足1000股的，只能一次性委托卖出。

4. 交易须由主办券商代理

新三板的交易方式有场外自由对接和定价委托两种，详细介绍如下。

（1）场外自由对接。

投资者买卖双方在场外自由对接，协商并确定买卖意向，再回到新三板市场，委托主办券商办理申报、确认成交并结算。

（2）定价委托。

买卖双方向主办券商做出定价委托，委托主办券商按其指定的价格买卖不超过其确定数量的股份，主办券商接到此委托后，并不积极作为，寻找相应的买家或卖家，而是将定价委托申报至股权代办转让系统登记备案，并等待一个认可此价格的买家或卖家出现，对手方如同意此定价且愿意为此交易，仍需委托主办券商做出成交确认委托，一旦该委托由主办券商做出成交确认申请，并在标的股份存在且充足、买方资金充足的情况下，交易才能成立。

但需要注意的是，这两种方式最终都需要由主办券商代理。

5. 依托新三板代办交易系统

新三板代办交易系统依托于深圳证券交易所建设，与中小板、创业板等并列于深圳交易所交易系统。

6. 投资者委托交易

投资者委托分为意向委托、定价委托和成交确认委托，委托当日有效。意向委托、定价委托和成交确认委托均可撤销，但已经报价系统确认成交的委托不得撤销或变更。

7. 分级结算原则

新三板交易制度对股份和资金的结算实行分级结算原则。分级结算是指证券登记结算机构与证券公司等结算参与人进行资金和证券的法人结算（又称一级结算）；证券公司再与投资者进行二级结算。

	新三板	创业板	中小板
转让方式	协议转让，竞价转让，做市转让	集合竞价 + 连续竞价	集合竞价 + 连续竞价
最小申报单位	1000 股	手（100 股）	手（100 股）
涨跌幅	不设涨跌幅	10%	10%
单笔申报最大数量	100 万股	100 万股	100 万股
委托方式	主办券商代为办理	通过券商，自助委托	通过券商，自助委托
结算方式	多边净额担保交收模式或其他清算交收服务	T+1 交收，净额结算，货银对付，结算参与人担保交收	T+1 交收，净额结算，货银对付，结算参与人担保交收
股份账户	深交所证券账户	深交所证券账户	深交所证券账户
资金账户	银行资金账户	银行资金账户	银行资金账户

新三板、创业板、中小板交易规则

知识链接　新三板交易常识

（1）新三板交易规则股票名称后不带任何数字。股票代码以 43 打头，如：430003 北京时代。

（2）委托的股份数量以“股”为单位，新三板交易规则每笔委托的股份数量应不低于三万股，但账户中某一股份余额不足三万股时可一次性报价卖出。

（3）报价系统仅对成交约定号、股份代码、买卖价格、股份数量四者完全一致，买卖方向相反，对手方所在报价券商的席位号互相对应的成交确认委托进行配对成交。如买卖双方的成交确认委托中，只要有一项不符合上述要求的，报价系统则不予配对。因此，投资者务必认真填写成交确认委托。

（4）股份报价转让的成交价格通过买卖双方议价产生。投资者可通过报价系统直接联系对手方，也可委托报价券商联系对手方，约定股份的买卖数量和价格。投资者可在“代办股份转让信息披露平台”的“中关村科技园区非上市股份有限公司股份报价转让”栏目中或报价券商的营业部获取股份报价转让行情、挂牌公司信息和主办报价券商发布的相关信息。

（5）新三板交易规则要求没有设涨跌停板。

新三板交易过程中几个常见误区

从历史发展的角度来看，新三板可能并不是一个新鲜的事物，但是从新三板近两年的变革与更新来看，很多人对于新三板目前的运作要求以及未来的发展轨迹并没有一个清晰的认识，甚至存在一定的误解。接下来介绍一下新三板交易过程中常见的误区。

协议转让的公平误区

1. 股份转让协议签订完毕即为股份所有权的转移

有的股份协议受让方认为，只要双方签订的转让协议有效，且其履行了支付股款的义务，就取得了股份的所有权，而不论协议出让方是否就此标的股份与第三人签订转让协议并办理了股份过户手续。

基于债之关系而生的所有权（物权）变动问题，最高人民法院经济审判庭于 1997 年 7 月 4 日给中国证监会的答复函中确认了“股份所有权的转移以办理过户手续为有效”的原则。

由此可见，我国对于股份所有权的变动，以过户登记为生效要件，这在立法上采取的是意思主义与交付登记主义相结合的混合制度。只有这样，才能保证交易的安全。

此外，记名股票的转让还有一个过户变更登记手续，即把受让人的姓名或者名称及住所记载于公司股东名册的过程。换言之，记名股票转让之后，在未办理股东名册变更登记前，仅仅在出让人与受让人之间有债法上的法律效力，对公司不发生物权效力，公司仍然与原持有人（出让人）发生法律关系。这便是“公司只承认股东名册记载的股东为公司的所有人，拒绝其他一切争议”的法律意义。

2. 股份转让协议须经上市公司（目标公司）董事会同意或其他股东在同等条件下有优先购买权

在大宗股权协议转让之后，有的上市公司或认为该份转让协议未经其董事会同意或认为没有给其他股东优先购买权，从而认为股权转让行为无效。

这个观点混淆了股份有限公司股份转让与有限责任公司出资转让之间的区别。《公司法》第三十五条规定，有限责任公司“股东向股东以外的人转让其出资时，必须经全体股东过半数同意……经股东同意转让的出资，在同等条件下，其他股东对该出资有优先购买权。”

由此可见，有限责任公司体现了“人合”与“资合”兼有的特点。而股份有限公司是典型的资合公司，公司信用的基础在于公司资本而不在于股东，公司资本股份由谁持有对公司信用并无影响，股份的转让也不涉及公司资本的增减，仅仅是股份持有人的变化。股东的股份转让权是股东的固有权利，公司章程、股东大会或董事会决议均不得对此权利之行使加以限制或剥夺。

投资者的高门槛误区

新三板投资作为一种高风险投资，需要一定的门槛。但需要门槛并不一定就需要“500 万元”的投资高门槛。从退市股到老三板再到新三板，投资门槛从零到 300 万元再到 500 万元。难道新三板的股票投资风险还要大于沪深两市的退市股吗？

调查发现，最老一批的老三板投资者大部分都是 0 元开户的。现在的新增开户里，公司账户只需注册资金达到 500 万元，实到资金也可能为 0 元。

其实，市场需要的不是用投资门槛来阻挡投资者追求财富的“中国梦”，而是要用风险教育、投资者教育来提高投资者的投资水平，用制度建设来降低投资者的投资风险。

取消“互报成交确认买卖”可以避免“中山帮事件”再现误区

“互报成交确认买卖”是协议转让中的第三种交易方式，也就是近期媒体常说的“手拉手”交易方式。这种交易方式近期已千夫所指，得到了官方、媒体及投资者的口诛笔伐，更成为“中科招商”事件和“中山帮”事件的帮凶。所以官方不断表态要取缔“互报成交确认买卖”这种交易方式。

在此为“互报成交确认买卖”叫冤，它不应成为“中山帮”事件的替罪羊。“中山帮”不是黑社会，而是对“中山市广安居企业投资管理有限公司”“中山市八通街商务服务有限公司”“中山市三宝股权投资管理有限公司”“谭均豪”四个账户的合称。由于这四家账户均托管于中信证券中山市中山四路证券营业部，因此被外界称为“中山帮”。

“中山帮”四个企业因频繁、大量进行反向交易，多次以大幅偏离行情揭示的最近成交价的价格进行下单，以及以大幅偏离行情揭示的最近成交价的价格成交，造成市场价格异常，严重干扰市场正常的交易秩序和正常的价格形成机制，2015 年 4 月 7 日，股转公司终于下达了处罚决定：对“中山帮”四个账户采取限制证券账户交易（三个月）的监管措施。

“中山帮”事件中，“中山帮”操盘手并不是使用“互报成交确认买卖”将价格对拉到特定高度的。因为“成交确认买卖”是指定交易方式，它可以绕过所有低于 250 元的报价，只买特定报价，也是对交易公平性的公然践踏。

股转公司针对“中山帮”对倒交易的一纸罚单，似乎将这波新三板“疯狂的股票”事件画上了一个句号。但事情远没结束，隐藏在事件背后的交易系统、协议转让制度等问题，正慢慢浮现在热度升温的新三板面前。

所以取消“互报成交确认买卖”这种本末倒置的解决方式只是“头痛医头、脚痛医脚”的庸医方子。

增发股东的弃权误区

新三板目前最红火的并不是二级市场，而是定增市场。但很多公司为了增发时操作的便利，都在修改章程，约定老股东无优先认购权。这样导致很多在二级市场买入的小股东无法享受到低价增发的正常权利。

但原股东因为有信息优势，虽然无优先认购权，但基本上想认购还是能认购上的，只是小股东成了这个挡箭牌的受害者。同时，有些公司允许小股东按比例认购，但由于公司的认购公告经常被淹没在每天海量的公告中，小股东若不是职业投资者每天去逐个看海量公告，经常会漏看认购公告进而成为主动放弃认购权。

为保护中小股东的投资利益，建议管理层参照主板配股方式，全体股东均有优先认购权，按比例认购款项从证券账户扣除，而不是让股东看公告才去银行汇款。其他认购款还是按认购公告去银行汇款，这样既不会给上市公司添麻烦，也保护了中小股东的投资利益。

新三板常见交易问答

关于新三板交易，读者可能会有很多疑惑，这些疑惑都是一些关于交易过程中“细枝末节”的小问题，不能作为一个单独的体系进行论述。本节将这些烦琐的小问题进行汇总，以行业主流观点为答案做出相应解答。

企业在新三板挂牌等同于在交易所上市?

挂牌不是上市。

上市即首次公开募股，指企业通过证券交易所首次公开向投资者增发股票，以期募集用于企业发展资金的过程。上市前必须向公众发行新股。

挂牌指非上市公司，通过股份代办转让系统即国家高新区“新三板”试点园区挂牌交易。代办股份转让系统的交易主要通过交易双方自主询价完成。不能在挂牌同时发行新股，只能在挂牌后定向增发（目前规定不超过 20 个增发对象）。

新三板交易平台有哪些？

新三板是证监会批准建立的为中小企业融资平台，发起成立于北京中关村高科技产业园。后面慢慢演变成在北京、深圳、上海、武汉等地的地方性股权托管交易中心。

企业在新三板挂牌会像 IPO 一样意味着获得了大量股权融资?

新三板挂牌并不意味着公司获得了任何资金支持。《国务院决定》明确指出，全国股份转让系统是经国务院批准，依据证券法设立的全国性证券交易场所，具有公司挂牌、公开转让股份、股权融资、债权融资、资产重组等多重功能。

目前，上述功能均已基本实现，全国股份转让系统还将根据市场发展的实际需求不断进行完善和优化。但目前新三板几乎没有直接融资功能，挂牌企业主要是知名度、信用度方面的扩大和提高，挂牌不代表股票或企业债券的发行。在这一点上与在沪深场内交易所上市是完全不同的。

投资者投资新三板的门槛与沪深交易所一样?

新三板在扩容之初就明确指出，需要建立与投资者风险识别和承受能力相适应的投资者适当性管理制度。中小企业具有业绩波动大、风险较高的特点，所以要严格自然人投资者的准入条件。同时要积极培育和发展机构投资者队伍，鼓励证券公司、保险公司、证券投资基金、私募股权投资基金、风险投资基金、合格境外机构投资者、企业年金等机构投资者参与市场，将全国股份转让系统建成以机构投资者为主体的证券交易场所。

如何完成一笔新三板交易?

目前，新三板的交易还不能像二级市场那样运用交易软件进行交易。

一般来说，投资者可以委托证券公司的报价交易系统进行交易。如果投资者有意向，则告知报价意向交易的股份名称和代码、账户、买卖类别、价格、数量、联系方式等内容，委托其代理寻找买卖的对手方，达成转让协议。

买卖双方达成转让协议后，需要再向证券公司提交买卖确定性委托。需要注意的是，在报送卖报价委托和卖成交确认委托时，报价系统冻结相应数量的股份，因此，投资者达成转让协议后，需先行撤销原卖报价委托，再报送卖成交确认委托。

由于每家中小板公司的主办券商不同，交易时有无限制?

投资者卖出股份，须委托代理其买入该股份的主办券商办理。如需委托另一家券商卖出该股份，须办理股份转托管手续。

交易量有无限制？

新三板委托的股份数量以“股”为单位，每笔委托的股份数量应不低于三万股，因此投资者在递交卖出委托时，应保证有足额的股份余额，否则报价系统不予接受。但账户中某一股份余额不足三万股时可一次性报价卖出。

具体的交易时间是什么？

新三板交易时间与股票二级市场交易时间一致，为每周一至周五，报价系统接受申报的时间为上午9:30至11:30，下午1:00至3:00。

挂牌前后新三板企业股权可否质押？如何登记？是否属于限售股份？

挂牌前，拟挂牌公司可依法办理股权质押贷款，须履行必要内部决议程序，签署书面质押合同，办理工商登记手续，只要不存在股权纠纷和其他争议，原则上不会影响其挂牌。挂牌后，挂牌公司也可依法办理股权质押贷款，但需按照中国证券登记结算有限责任公司的要求，办理股票质押手续。

办理股权质押贷款的股份在股份公司挂牌后，应当按照中国证券登记结算公司的有关规定办理登记手续，在股权出质期间限制转让，待质押权行使时，按照中国证券登记结算公司的有关规定办理流通手续。

第八章 新三板市场投资

由于新三板分层制度的实施，创新层企业机制更为完善，而储架发行、混合交易等创新制度正在酝酿，加上将放开公募基金投资新三板、挂牌公司做市商扩围等利好政策，新三板逐渐成为中小企业与投资者的最佳选择。

新三板新政策的出台让很多想要投资的个人和机构都有这样一个疑问，新三板上挂牌企业怎么才能投资呢？新三板投资具有哪些风险呢？投资者该如何参与新三板呢？新三板交易投资流程是怎样的呢？本章将对上述问题一一进行叙述，希望可以为广大投资者提供帮助。

新三板市场的投资主体

在新三板市场挂牌的企业大多数仍处于创业或快速成长阶段，投资风险相对较大。为防止风险外溢，全国股份转让系统实行了比较严格的投资者准入制度，只有符合适当性要求的投资者才被允许参与挂牌证券买卖，详细介绍如下。

1. 可以参与挂牌公司股票公开转让的投资主体

根据全国中小企业股份转让系统有限责任公司与 2013 年 12 月 30 日发布的修订版《全国中小企业股份转让系统投资者适当性管理细则（试行）》（以下简称适当性管理细则），全国股份转让系统的投资者分为机构投资者与自然人投资者，两者应分别符合下列规定：

（1）自然人投资者。

投资者本人名下前一交易日的日终证券类资产市值在300万元人民币以上，证券类资产包括客户交易结算资金、股票、基金、债券、券商集合理财产品等，信用证券账户资产除外；同时须具有两年以上证券投资经验，或具有会计、金融、投资、理财等相关专业背景或培训经历。

此外，企业挂牌前的股东、通过定向发行持有公司股份的股东、在适当性管理细则发布前已经参与挂牌公司股票买卖的投资者等，如不符合参与挂牌公司股票公开转让条件，只能买卖其持有或曾持有的挂牌公司股票。而在细则发布前已经参与挂牌公司股票买卖的机构投资者不受此限制。

（2）机构投资者。

注册资本在 500 万元人民币以上的法人机构；或实缴出资总额在 500 万元

人民币以上的合伙企业。同时，集合信托计划、证券投资基金、银行理财产品、证券公司资产管理计划，以及由金融机构或者相关监管部门认可的其他机构管理的金融产品或资产，可以申请参与挂牌企业股票公开转让。

2. 可以参与挂牌公司股票定向发行的投资主体

满足上述机构或自然人投资者适当性标准的投资主体，均可以参与挂牌公司股票的定向发行。

此外，对于参与挂牌企业定向发行的投资者，其范围还可以包括以下机构或人员：挂牌企业股东、挂牌企业董事、监事、高级管理人员、核心员工等。不过，此类投资者若不符合前述机构或自然人投资者适当性标准，则只能买卖其持有或曾经持有的挂牌公司股票。

新三板的投资风险

新三板投资风险是指机构、企业或自然人等投资者对全国中小企业股份转让系统（俗称新三板）中的挂牌企业进行投资时所涉及的风险。

对于新三板企业的投资火热，很大一部分是因为它们汇聚了发展潜力最大的企业，因此对于它们的投资有很大机会可以一本万利。但世界上没有只赚钱无风险的买卖，相应地，投资新三板的企业也面临着很大的风险，在此提醒投资者需要注意以下几类风险。

1. 企业运营风险

新三板市场的大部分挂牌企业规模较小、对单一技术依赖度较高、受技术更新换代影响较大；且具有对核心技术人员依赖度较高、客户集中度高、议价能力不强、财务规范程度不高等特点；部分公司抗市场风险和行业风险的能力较弱，业务收入可能波动较大。

2. 信息风险

相对于主板、中小板及创业板的上市公司来说，新三板市场的信息披露要求和标准偏低。新三板市场披露制度是适度性的，没有对挂牌企业的信息披露做强制性要求，因而信息披露在及时性、全面性以及信息质量方面都存在着不确定性，使得投资者无法及时、详尽地获取信息。这会导致投资者对挂牌企业形成不够完备的风险评估，从而产生一定的投资风险。

3. 信用风险

虽然股份报价转让过程有主板券商的督导和协会的监管，但仍然无法避免中止交易的风险，影响投资者的预期收益。特别需要注意的是，股份报价转让并不实行担保交收，可能因为交易对手的原因而导致无法完成资金交收。

4. 退市风险

很多投资者选择新三板市场进行投资，主要是对未来新三板公司转向主板有较高期待。因为新三板挂牌公司的股票估值普遍较低，一旦公司成功上市，股票价格就会大幅甚至成倍增长，届时投资者卖出股票就可以马上获得暴利。但是值得指出的是，这种预期的不确定性非常大，既然新三板市场在多层次资本市场中起到的是过滤器的作用，因此挂牌公司既可能成功上市也可能退出新三板，且新三板的退市率相对于主板市场来说是很高的，而退市的挂牌公司将会使投资者蒙受巨大的损失。

5. 市场流动性风险

与主板企业相比，新三板挂牌企业股权相对集中，市场流动性低于沪深证券交易所；从交易方式上看，新三板交易是通过集合竞价方式进行集中配对成交的，这使得投资者买卖股票很不方便，可能出现想买买不到、想卖卖不出的情况。

此外，值得注意的是，股份报价转让并不实行担保交收，因此可能因为交易对手的原因而导致无法完成资金交收。

知识链接　该如何有效地减少和防范新三板的投资风险呢？

首先，从宏观层面来讲，需要构建一个稳定的宏观经济政策环境来促进新三板市场的发展；从市场层面来讲，需要相关部门进一步完善现有的信息披露制度，加强对于挂牌企业的监管和管理，同时大力推行做市商制度，增加市场的流动性。

除此之外，作为个人投资者来讲，应该合理规避和防范新三板市场潜在的投资风险。

其次，由于新三板挂牌公司信息披露要求和标准低于上市公司，因此除挂牌公司所披露的信息外，个人投资者还需要积极获取相关企业的其他信息，在认真研究和分析的基础上，审慎做出投资决策。

最后，由于交易门槛以及信息不对称等原因，个人投资者参与新三板从实际操作上讲存在较大风险，因此个人投资者参与新三板投资可以另辟蹊径，如通过购买专业机构发售的基金、理财产品等间接投资新三板。

投资者如何参与新三板

2013年2月，中国证监会发布《全国中小企业股份转让系统有限责任公司管理暂行办法》和《全国中小企业股份转让系统业务规则（试行）》等，确立了新三板基本的“游戏规则”。通常来说，投资者想要参与全国股转系统挂牌证券交易，须经过以下几个步骤。

1. 选择主办券商

在新三板挂牌和后续督导过程中，券商将发挥绝对主导作用，那么，企业选择券商就显得十分关键。选择得好，企业资本之路就走得顺风顺水，选择得不好，企业不但可能享受不到任何增值服务，还徒增许多烦恼和麻烦，甚至葬送了企业的发展。投资者首先应该选择具备从事新三板经济业务资格的主办券商，主办券商名单可通过全国股份转让系统网站（http：//www.neeq.com.cn）进行查阅。

2 适当性审查

随着新三板做市商制度的推出，使得新三板市场流动性增强，但在投资者适当性方面还有欠缺。为确保投资者自身风险承受能力、投资经验以及有足够的投资者参与到新三板市场中来，就需要通过新三板投资者适当性审查。

一般来说，适当性审查过程中，需要投资者提供符合参与全国股份转让系统股票公开转让条件的证明材料，具体内容如下。

（1）加盖营业部业务专用章的业务单据，以证明投资者前一日日终证券类资产市值在 300 万元人民币以上，以及其具有两年以上证券投资经验。

（2）其他证明材料。若投资者无法提供两年以上证券投资经验，应提供其具有会计金融、投资、财经等相关专业背景或培训经历的证明材料。

3. 机构投资者适当性审查所需证明材料

机构营业执照或注册登记证书（副本）及其复印件或加盖发证机关确认章的复印件。

4. 参与定向发行的投资者所需证明材料

由挂牌企业出具并能证明投资者为挂牌企业股东、挂牌企业董事、监事、高级管理人员、核心员工等的股东名单、任职文件等证明文件。

主办券商营业部柜台人员根据对以上材料的审核，确认投资者是否符合全国股份转让系统投资者适当性要求。

5. 风险测评

营业部对于具备资格且有意向参与挂牌证券交易的投资者，应按相关规定对其进行风险测评，判断其是否具备风险识别和风险承受能力。

6. 签署协议文本

在听取主办券商业务人员讲解的基础上，认真阅读并充分理解协议的相关内容，与主办券商书面签署《买卖挂牌公司股票委托代理协议》和《挂牌公司股票公开转让特别风险揭示书》。

7. 开立深圳 A 股证券账户及资金账户

自然人投资者可根据中国证券登记结算有限责任公司有关规定，持个人有效身份证明文件、银行卡等相关文件至任何一家具有经济业务资质的主办券商营业部开立深圳 A 股账户，同时开立资金账户。

机构投资者开户需携带以下开户资料：

（1）机构法人有效身份证明文件（营业执照或注册登记证书）副本及其复印件或加盖发证机关确认章的复印件；

（2）组织机构代码证副本及其复印件或加盖发证机关确认章的复印件；

（3）税务登记证书及其复印件或加盖发证机关确认章的复印件；

（4）法定代表人证明书；

（5）法定代表人的有效身份证明文件及复印件；

（6）依法指定合法的代理人，提供加盖机构公章、由法定代表人签字或加盖法定代表人名章的授权委托书原件；

（7）代理人的身份证明文件原件及复印件；

（8）按要求提供的预留印鉴卡；

（9）主办券商要求的其他材料。

8. 开通挂牌证券交易权限

主办券商为投资者名下证券账户开通交易并设置权限。

新三板交易投资流程

很多投资者急于分享新三板的“投资盛宴”，却不知道该如何参与，下面详细介绍一下新三板的交易投资流程。

1. 开户

在参与股份报价转让前，投资者需开立非上市股份有限公司股份转让账户。申请开立非上市股份有限公司股份转让账户，根据主体的不同需分别提交以下材料：

（1）个人。

个人开户需提供中华人民共和国居民身份证（以下简称“身份证”）原件、复印件及非上市股份有限公司股份转让账户。委托他人代办的，还需提交经公证的委托代办书、代办人身份证原件及复印件。个人投资者的结算账户在开立的当日即可使用。

开户费用：每人 30 元人民币。

（2）机构。

企业或机构进行开户的需提供：企业法人营业执照或注册登记证书原件及复印件或加盖发证机关印章的复印件，法定代表人证明书、法定代表人身份证复印件，法定代表人授权委托书，经办人身份证原件及复印件。机构投资者的结算账户自开立之日起三个工作日后可使用。

开户费用：每户 100 元人民币。

需要注意的是，存入结算账户中的款项次日才可用于买入股份。结算账户中的款项通常处于冻结状态，投资者在结算账户中取款和转账时，须提前一个营业日向开户的营业网点预约。

2. 签订协议

新三板企业挂牌与报价券商签订股份报价转让委托协议书。

3. 委托

委托分为：报价委托和成交确立委托。

（1）报价委托。

报价委托是买卖的意向性委托，其目的是通过报价系统寻找买卖的对手方，达成转让协议。报价委托中至少注明股份名称和代码、账户、买卖类别、价格、数量、联系方式等内容。投资者也可不通过报价系统寻找买卖对手，而通过其他途径寻找买卖对手，达成转让协议。

（2）成交确认委托。

成交确认委托是指买卖双方达成转让协议后，向报价系统提交的买卖确定性委托。成交确认委托中至少注明成交约定号、股份名称和代码、账户、买卖类别、价格、数量、拟成交对手方席位号等内容。成交约定号是买卖双方达成转让协议时，由双方自行约定的不超过6位数的数字，用于成交确认委托的配对。

此外，在报送卖报价委托和卖成交确认委托时，报价系统冻结相应数量的股份，因此，投资者达成转让协议后，需先行撤销原卖报价委托，再报送卖成交确认委托。

委托的股份数量以“股”为单位，每笔委托的股份数量应不低于三万股，但账户中某一股份余额不足三万股时可一次性报价卖出。投资者在递交卖出委托时，应保证有足额的股份余额，否则报价系统不予接受。

委托时间：报价券商接受投资者委托的时间为每周一至周五，报价系统接受申报的时间为上午 9:30 至 11:30，下午 1:00 至 3:00。

4. 成交

报价系统中，成交约定号、股份代码、买卖价格、股份数量四者需完全一致（买卖方向相反），对手方所在报价券商的席位号互相对应的成交确认委托才可进行配对成交。如买卖双方的成交确认委托中，只要有一项不符合上述要求的，报价系统则不予配对。

因此，投资者务必认真填写成交确认委托。买卖双方向报价系统递交成交确认委托时，应保证有足够的资金（包括交易款项及相关税费）和股份，否则报价系统不予接受。

股份报价转让的成交价格通过买卖双方议价产生。投资者可直接联系对手方，也可委托报价券商联系对手方，约定股份的买卖数量和价格。

5. 交易完成

知识链接　如何获取新三板投资信息？

1. 账户查询

投资者可在报价券商处查询股份账户余额，在建设银行查询股份报价转让结算账户的资金余额。

2. 行情信息

投资者可在“代办股份转让信息披露平台”的“中关村科技园区非上市股份有限公司股份报价转让”栏目中或报价券商的营业部获取股份报价转让行情、挂牌公司信息和主办报价券商发布的相关信息。

第九章
新三板市场的并购重组

在和A股市场一样经历暴跌的洗礼之后，新三板正展现出资本运作方式越来越丰富的新景象，并购重组成为其最重要的标志之一。

企业可以通过并购做大做强，但同时也要考虑并购带来的问题和风险。因为并购是一个复杂的系统工程，它不仅仅是资本交易，还涉及并购的法律、政策环境、社会背景和公司的文化等诸多因素，本章从并购流程介绍、并购重组交易的风险、借壳重组的介绍及案例分析等多个方面对新三板市场的并购重组进行解析，希望可以为读者提供指引。

企业并购重组的操作流程

随着我国经济的持续发展和产业的升级转型，并购重组和产业整合这一方式被不断地发扬与完善。国家通过出台一系列法规性的文件，建立起全国股转系统挂牌企业并购重组的基本框架。整个框架大部分仍坚持和沿用了上市公司的并购制度，但是在监管制度方面，相比于上市公司制度更加灵活，也更鼓励中小型企业在尽可能宽松的制度环境下积极参与其中。那么企业并购重组的操作流程包括哪些方面呢？

1. 并购决策阶段

并购决策阶段，企业通过与财务顾问合作，根据企业行业状况、自身资产、经营状况和发展战略确定自身的定位，形成并购战略。即进行企业并购需求分析、并购目标的特征模式，以及并购方向的选择与安排。

2 并购目标选择

在选择并购目标时，应结合目标公司的规模、资产质量和产品品牌、经济区位以及与本企业在市场、地域和生产水平等方面进行比较。此外，还可以通过对企业信息数据的充分收集整理，利用静态分析、投资回报率（ROI）分析，以及 logit（分级评定模型）、probit（一种广义的线性模型）等方法最终选定目标企业。同时从可以获得的信息渠道对目标企业进行可靠性分析，避免陷入并购陷阱。

3. 并购时机选择

此阶段，采购方通过对目标企业进行持续的关注和信息积累，并利用定性、定量的模型进行初步可行性分析，最终确定合适的企业与最佳的并购时机。

4. 并购初期准备工作

在确定并购时机以后，采购方可根据我国企业资本结构和政治体制的特点，与企业所在地政府进行沟通，获得支持，这一点对于成功的和低成本的收购非常重要。

此外，还应当对企业进行深入的审查，包括生产经营、财务、税收、担保、诉讼等的调查研究等方面。

5. 并购实施阶段

并购实施阶段是整个并购流程的关键阶段。此阶段采购方应与目标企业进行谈判，确定并购方式、定价模型、并购的支付方式（现金、负债、资产、股权等）、法律文件的制作，确定并购后企业管理层人事安排、原有职工的解决方案等相关问题，直至股权过户、交付款项，完成交易。

6. 并购后的整合

对于企业而言，完成企业并购重组后，还应对目标企业的资源进行成功的整合和充分的调动，以促进重组后的企业产生更大的效益。

新三板企业并购重组介绍

随着新三板挂牌企业数量的激增，新三板企业被并购与主动并购事件也呈现井喷式的发展。截至 2015 年 5 月底，已有超过 60 家新三板企业通过定向增发等方式主动发起并购，有近 100 家新三板企业被并购重组，这一数量已超过 2014 年全年总数。

自 2014 年《非上市公众公司收购管理办法》《非上市公众公司重大资产重组管理办法》等适用于新三板企业并购的相关法规出台后，给予了新三板企业并购重组明确的规范性指引，客观上促进了新三板企业的并购重组浪潮。伴随着股转系统挂牌企业基数的不断增大，资金实力较强的新三板企业逐渐涌现，可以预见的是，新三板将成为中国企业并购的主战场。

那么，新三板并购重组到底是怎么回事，并购重组包括哪几种类型呢？

并购重组是指公司非经营性的股权变动和资产变动。新三板并购重组的产生主要是为了解决拟挂牌企业独立性、同业竞争、关联交易以及保持公司的股权清晰等方面的问题。企业通过并购重组以及公司改制，使得企业能够符合证监会对上市公司主体资格的要求，从而为挂牌上市打下良好基础。现阶段的并购重组方式主要有以下几大类。

1. 横向并购

横向并购，指的是在同种商业活动中经营和竞争的两家企业。从税收的角度看，横向并购的企业经营范围一般不发生变化，因此并购后应纳税种与纳税环节将保持一致。

但需要注意的是，由于企业并购后规模的变化，横向并购将可能导致企业的增值税及所得税纳税人属性发生变化。

2. 纵向并购

纵向并购，是指发生在处于生产经营不同阶段的企业之间发起的并购活动。

从税收的角度来看，纵向并购的企业与横向并购相同，会面临因规模扩大而导致纳税人身份和属性的变化问题。

此外，由于企业并购后规模的变化，其所适用的税率和享有的税收优惠政策可能会相应变化。因此选择纵向并购时，必须要同时考虑纳税人身份、属性、纳税环节以及适用税率的变化，比较综合的成本和收益等方面。

3. 混合并购

混合并购，是指从事不相关业务类型的企业间的并购活动。

从税收角度看，混合并购属于跨入其他行业的行为，其对并购企业造成的纳税影响是最大的，混合并购可能大大增加企业的应税种类，对并购企业的纳税主体属性、纳税税种、纳税环节产生影响。

此外，并购前也应当关注关联方和亏损弥补方式等税收筹划。

民生证券研究院执行院长管清友在2016中国新三板发展论坛上表示："新三板的机会在于融资后的并购重组，并预计包括2016年在内的未来几年，新三板的发展前景都将以并购重组为主。"

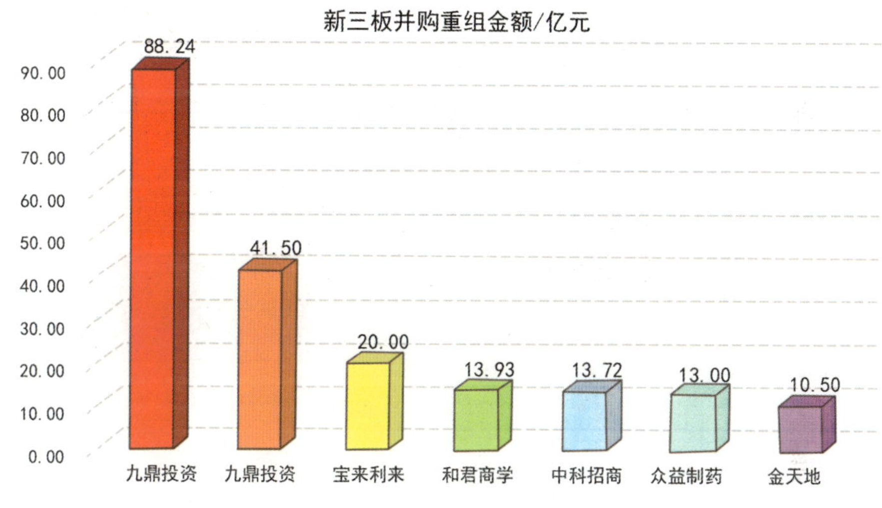

新三板并购重组金额

企业并购重组的交易方式介绍

以企业的竞争环境为背景，全面分析企业的核心能力以及未来可发展方向，再以此为基础，制定合理的并购模式。前面已经详细介绍“横、纵、合”三种并购模式，接下来就常见的三种并购交易的方式进行解读。

1. 资产收购

资产收购是指收购方通过购买目标企业的全部资产，并获得该企业的所有权。

2. 股权购买

股权购买是指收购方通过购买目标企业发行在外，具有表决权的流通股股份，当并购方所获取的股份达到一定比例后，即可取得目标企业的绝对控制权。

3. 合并

合并是指两个或两个以上的企业合并成立为另一个新的企业，企业的支配权由各合作方协商裁定。

常见三种并购重组方式的区别

上述三种并购交易方式之间存在多重区别，具体介绍如下。

1. 谈判对象不同

若采用资产收购或合并的并购方式，并购方只需跟目标公司谈判。

而若采用股权收购的并购方式，并购方则需要与目标公司的股东或其代表进行谈判，需要注意的是，股权收购的谈判是最难以掌控结果的，因为其很可能会面临部分股东阻挠的风险。

2. 并购方所负担的风险不同

若采用资产收购的并购方式，并购方不用承担目标公司的债务，甚至可以免除未来可能发生的“或有债务”。

若采用股权收购的并购方式，收购方的身份会发生改变，有可能成为目标公司的股东，如此一来，就需要对目标公司的债务负责。

而若采用合并的并购方式，那么存续公司或新设公司要对目标公司的债务承担全部责任。

3. 对目标企业雇员的负担不同

若采用资产收购的并购方式，收购方无须接纳目标公司的雇员，也不用继承目标公司的养老金计划。

而若选择了股权收购或合并的并购方式，收购方必须接纳目标公司的原有雇员并继承目标公司原有的养老金计划。

4. 兼并协议与交接手续的复杂程度不同

兼并协议与交接手续的复杂程度，区别关键在于目标公司的主体资格在并购结束后是否存在。

若采用资产收购的并购方式，则并购双方的主体资格不变，企业收购只是一个买卖契约，手续较为简单。

而若选择了股权收购或合并的并购方式，则需要签订一系列合同，内容极为复杂。

其中，股权收购的交接手续却相对简单。因为合并方式改变了并购双方主体资格，所以交接手续较复杂，必须逐项验收办理各项变更了的权利，对目标公司原有的合同做出相应的变更。

企业“借壳重组”的操作流程

借壳上市是指一家私人公司通过把资产注入一家市值较低的已上市公司，得到该公司一定程度的控股权，利用其上市公司地位，使母公司的资产得以上市。

借壳上市属于上市公司资产重组的重要形式之一，通常要经历以下几个步骤。

1. 明确公司并购的意图

在计划并购前，企业必须明确自己的并购意图。常见的并购意图有：为实现企业上市、急需融资以满足扩张需要、提升企业品牌以及建立现代企业管理制度。

2. 并购的自身条件分析

企业在决定实行并购活动前，必须对企业的赢利能力、整体资金实力、财务安排，未来的企业赢利能力与运作规划，合适的收购目标定位等多方面内容进行分析。

3. 制订并购战略

企业在决定收购前，最好制订出明确的协议收购方式。常见的协议收购方式有场内收购及收购定价策略两大类。

4. 寻找、选择、考察目标公司

这是所有收购工作的最重要环节，一旦确定目标企业，就需要对目标企业有一个明确的评估与判断。评估内容通常如下：

（1）全面评估分析目标公司的经营状况、财务状况；

（2）制订重组计划及工作时间表；

（3）设计股权转让方式，选择并购手段和工具；

（4）评估目标公司价值，确定并购价格；

（5）设计付款方式，寻求最佳的现金流和财务管理方案；

（6）与目标公司股东和管理层接洽，沟通重组的可行性和必要性。

5. 谈判与签约

此阶段制订了谈判策略，并安排相关工作人员与目标公司股东进行谈判，使重组方获得最有利的金融和非金融的安排。

6. 资金安排

此阶段应由收购方为后续的重组设计融资方案，必要时应协助安排融资渠道。

7. 申报与审批

谈判结束后，收购方与目标企业达成并购意向。并由收购方起草相应的法律文件，用于办理报批和信息披露事宜。

知识链接 哪些企业适合“借壳”上市

与一般企业相比，上市公司最大的优势是能在证券市场上大规模筹集资金，扩大公司及公司产品的知名度，以此促进公司规模的快速增长。因此，上市公司的上市资格已成为一种“稀有资源”。

所谓“壳”就是指上市公司的上市资格。一些公司由于自身资质、沿革、存续时间等因素限制，只能选择“借壳”的方式登陆新三板。

华远地产、金融街集团、中关村、北大方正、苏宁环球、中国华润等众多知名企业都是通过借壳的方式成功上市的。

那么，哪些企业适合借壳上市新三板呢？

（1）不符合直接上市条件且想获得融资渠道及低成本的资金来源的企业。

（2）为了具有广告和宣传效应，尤其适合那些市场直接消费品的企业。

（3）为获得上市公司的政策优势或经营特权，如一些税收减免、政府特殊扶植政策的企业。

（4）拟通过新三板转板至主板、中小板、创业板 IPO 的企业，以及希望通过转板获得在二级市场流通股溢价的收益的企业。

（5）想节省上市时间与成本并且尽快筹资的企业。

（6）本身不想筹资但想使股份获得流通性的企业。

（7）想提升企业形象、改善治理结构的企业。

新三板“借壳重组”案例分析

目前新三板借壳有两种方法，第一种是通过收购新三板企业股权的方式取得控制权，再用“资产+增发股权”的方式买入新资产，原有资产在此方案中被置出。

第二种是买方通过参与挂牌公司的增发，注入现金，获得公司的实际控股权，然后出售旧资产，购入新资产。

下面就已发生的两种“借壳”实例进行深入分析。

股权收购——华信股份（证券代码 400038）

案例：

华信股份原为深圳证券交易所的上市公司，由于其主业经营不善，历史负债较重，自 2001 年起连续三个会计年度亏损，2004 年，华信股份的股票被深圳证券交易所暂停上市交易，并于 2005 年全面终止其上市交易。

由于华信股份依靠自身发展已无法形成有效的持续经营能力和偿债能力，于是便设想通过资产重组的方式来寻求摆脱公司面临的经营困境。

随即华信股份在全国股份转让系统（新三板）挂牌。华信股份进行重组交易的对手方为汇绿园林建设股份有限公司的全体股东。

汇绿园林是浙江省著名园林建设企业，自 2010 年起连续 4 年进入“全国城市园林绿化企业 50 强”。

华信股份于 2015 年 3 月 26 日公告了《收购报告书》。根据《收购报告书》显示，华信股份旗下的华信 3 将以 1.16 亿股（约占总股本的 47%）置换汇绿园林价值 1.48 亿元的（约占总股本的 14.53%）股份。股权收购人为汇绿园林的董事长李晓明、总经理李晓伟和法人股东宁波汇宁投资有限公司。

收购完成后，李晓明将持有华信股份 46 435 743 股普通股，占华信股份已发行股份的 18.6596%; 李晓伟将持有华信股份 7 903 956 股普通股，占华信股份已发行股份的 3.1761%; 宁波汇宁将持有华信股份 31 121 828 股普通股，占华信股份已发行股份的 12.5059%。

收购导致华信股份的控制权发生了变化，汇绿园林的董事长李晓明成为华信股份的控股股东和实际控制人。

随后，华信股份发布《收购资产公告》，其中，根据宁波市工商行政管理局出具的《备案通知书》，华信股份现已持有汇绿园林 2 255.478 0 万股（约占总股本的 14.53%）股份。而汇绿园林各股东除了要将其持有的 1.48 亿元等额汇绿园林股份转让给华信股份并办理过户登记手续外，还需通过认购非公开发行股票等合法方式向华信股份注入其剩余持有的汇绿园林股份，相关方将另行签署《发行股份购买资产协议》等协议。

同时，华信股份的主营业务将发生变化，形成以园林绿化工程施工、园林景观设计、苗木种植及绿化养护为核心的业务。这一决策将有助于公司恢复持续经营能力和盈利能力，为公司重新上市创造有利条件。

案例分析：

目前在新三板挂牌的企业中，与华信股份情形相当的“老三板”公司共有 59 家，其中绝大多数是从沪深交易所退市而来的。而过去的 2013 年和 2014 年，分别有 268 家和 139 家 IPO 排队公司主动申请终止审查，两年累计撤单企业超过 400 家。从僧多粥少的角度来看，“老三板”壳似乎价值显著。

汇绿园林此前曾申报过 A 股 IPO，此后撤回了申报材料。券商人士指出，“老三板”退市公司重新上市可直接向交易所申请，省去了 IPO 排队的麻烦，这或是汇绿园林选择华信股份“借壳”的原因所在。

增发收购——天翔昌运（证券代码 430757）

案例：

天翔昌运于 2014 年 5 月 30 日在全国中小企业股份转让系统挂牌并公开转让。截至 2014 年 12 月 31 日，万朝文先生持有天翔昌运 3 834 163 股，占挂牌公司天翔昌运总股本的 49.16%。

2015 年 2 月 19 日，天翔昌运公告《权益变动报告书》，报告书显示：万朝文先生于 2015 年 1 月 16 日通过全国中小企业股份转让系统以协议转让的方式将所持有的天翔昌运流通股减持 755 000 股，所减持股份占天翔昌运总股本的 9.68%。

本次权益变动前，万朝文先生持有天翔昌运 3 079 163 股，占公司总股本的 39.48%。而海文投资未持有天翔昌运公司股份。

2014 年 5 月 30 日，在全国中小企业股份转让系统挂牌并公开转让后，海文投资在万朝文先生手中购买股份 755 000 股，占天翔昌运总股本的 9.68%。

2015 年 2 月 16 日，天翔昌运公告《股票发行方案》，该方案声称：“本次股票发行拟向 2 名原机构投资者、4 名新增机构投资者、3 名原自然人股东、4 名新自然人投资者定向发行 1674 万股。而本次发行认购人与天翔昌运及主要股东存在如下关联关系:（1)海文投资系公司现有股东，持有公司 755 000 股(现持股比例为 9.68%)，海文投资的执行事务合伙人陈海平与公司现有股东陈北罗系父子关系，陈北罗同时也是海文投资的有限合伙人；（2）湖北联飞翔汽车科技有限公司（以下简称“湖北联飞翔”）系陈海平对外投资的企业，陈海平持有该公司 13.27% 股份，陈海平在 2014 年 12 月 30 日之前担任湖北联飞翔的法定代表人及总经理。”

2015 年 3 月 3 日，天翔昌运公告《收购报告书》。根据报告书，天翔昌运定向发行 1674 万股，每股 1.30 元。其中，海文投资以现金认购本次发行的股份 539 万股，认购资金总额 700.70 万元。本次收购实施前，收购人海文投资持有天翔昌运 755 000 股股份，持股比例为 9.68%。本次收购完成后，收购人海文投资将持有天翔昌运 6 145 000 股股份，持股比例占总股本的 25.04%。

本次收购将导致天翔昌运控制权发生变化，海文投资将成为天翔昌运的控股股东，陈海平将成为天翔昌运的实际控制人。

案例分析：

天翔昌运的主营业务——涉农领域产品和地源热泵受外部环境的影响较大并存在一定的市场竞争风险，导致其在2014年年报中披露的营业收入较上年同期减少了71.30%，净利润也由半年报中披露的大幅增长变成了年报中的负值，经营不善应该是天翔昌运寻求转型的主要原因之一。

海文投资采取的是收购＋增发的方式，其分两次取得天翔昌运的实际控制权，成功“借壳”挂牌新三板。

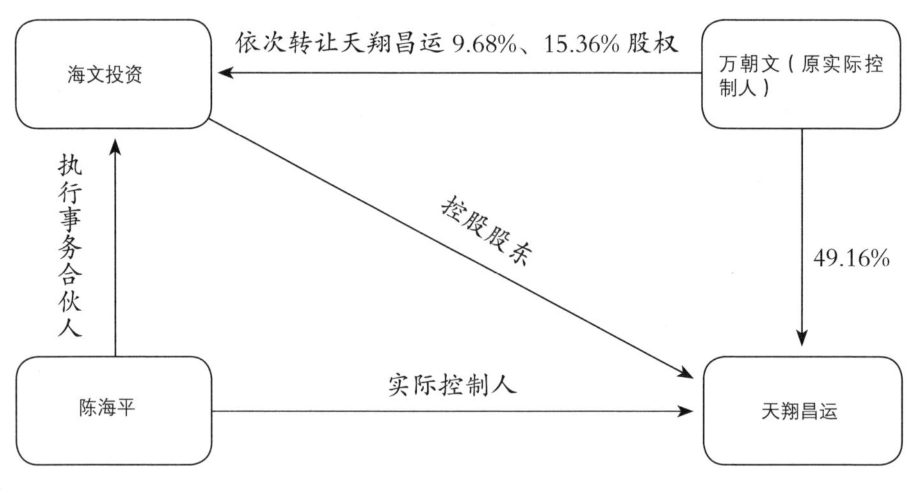

海文“借壳”上市

新三板公司与上市公司并购重组规则对比

随着挂牌企业数量的激增，新三板企业被并购与主动并购事件也呈现井喷式的发展。自 2014 年《非上市公众公司收购管理办法》《非上市公众公司重大资产重组管理办法》等适用于新三板企业并购的相关法规出台后，给予了新三板企业并购重组明确的规范性指引。同时与上市公司并购重组相比，这些文件的出台也降低了对新三板企业并购重组的要求，客观上促进了新三板企业的并购重组浪潮。那么，主板上市公司与新三板企业收购、重大资产重组之间主要存在哪些差异呢？见下表。

新三板挂牌公司和上市公司的区别

事项	新三板挂牌公司	上市公司
权益报告书的编制	1. 权益变动不区分简式或详式权益变动报告书，统一为权益变动报告书 2. 通过股转系统做市/竞价方式，以及协议方式使投资者拥有权益的股份达到已发行股份的 10%；投资者达到已发行股份 10% 后每增加或减少 5%	权益变动区分简式或详式权益变动报告书： 1. 简式权益变动书是指，非第一大股东或实际控制人，权益股份达到或超过公司已发行股份 5%，但未达到 20% 的 2. 详式权益变动书分两种类型： （1）投资者及其一致行动人为上市公司第一大股东或者实际控制人，其拥有权益的股份达到或者超过公司已发行股份的 5%，但未达到 20% 的 （2）非第一大股东或实际控制人，权益股份达到或超过公司发行股份的 20%，但未达到 30% 的 3. 触发比例为投资者达到已发行股份 5% 后每增加或减少 5%
收购报告书的编制	1. 编制收购报告书的触发条件限于成为第一大股东或实际控制人 2. 事实发生之日起 2 日内编制，连同财务顾问专业意见和法律意见书一并披露并送报股转系统	1. 通过协议收购、间接收购和其他合法方式，收购人持有上市公司的股份超过该公司已发行股份的 30% 时，应当编制或披露收购报告书 2. 以协议方式收购上市公司股份超过 30%，收购人以拟申请豁免的，应当在与上市公司股东达成收购协议之日起 3 日内编制上市公司收购报告书，提交豁免权，委托财务顾问向中国证监会、交易所提交书面报告

续表

事项	新三板挂牌公司	上市公司
要约收购是否强制	1. 不强制要约；且公众公司应当在公司章程中约定在公司被收购时收购人是否需要向公司全体股东发出全面要约收购，并明确全面要约收购的触发条件以及相应制度安排 2. 无豁免规定	1. 强制要约；收购人持有上市公司股份达到已发行股份的 30% 时，继续增持股份应当采取要约方式进行 2. 符合一定情形可申请豁免要约收购
收购披露原则	三份披露规则合一，即《非上市公众公司信息披露内容与格式准则第 5 号 - 权益变动报告书、收购报告书和要约收购报告书》，篇幅较短，总体上披露内容较上市公司大幅度简化	披露细则包括《公开发行证券的公司信息披露内容与格式准则第 15 号 - 权益变动报告书》《公开发行证券的公司信息披露内容与格式准则第 16 号 - 收购报告书》《公开发行证券的公司信息披露内容与格式准则第 17 号 - 要约收购报告书》，披露内容具体详细
被收购方是否聘请独立财务顾问	不强制聘请独立财务顾问，可根据自身情况选择是否聘请，可以是主办券商或其他机构	必须聘请独立财务顾问提出专业意见
需经审批的重大资产重组	1. 新三板企业重大资产重组仅有一种情形需行政审批，即向特定对象发行股份购买资产后股东累计超过 200 人的重大资产重组，经股东大会决议后，应当按照中国证监会的有关规定编制申请文件并申请核准，证监会通常会在 20 个工作日内做出核准（包括中止审核、终止审核及不予审核），此外，对借壳行为不做单独规定 2. 不涉及发行股份或者向特定对象发行股份后累计不超过 200 人，经股东大会决议后在 2 个工作日内将重组报告书、法律意见书等信批文件报送股转系统，股转系统对信批文件的完备性进行审查	1. 借壳上市。中国证监会将对该申请做出予以核准或不予以核准的决定，审核期间提出反馈意见的，上市公司应在 30 日内提供书面回复；本情形下将提交并购重组委审核 2. 发行股份购买资产

续表

事项	新三板挂牌公司	上市公司
构成重大资产重组标准	1. 购买、出售资产总额占经审计合并报表资产总额达到 50% 以上 2. 购买、出售资产净额占经审计合并报表资产净额达到 50% 以上，且购买、出售资产总额占经审计合并报表资产总额 30% 以上	1. 购买、出售资产总额占经审计合并报表资产总额达到 50% 以上 2. 购买、出售资产在最近会计年度产生的营业收入占同期合并报表营业收入的 50% 以上 3. 购买、出售资产净额经审计合并报表资产净额达到 50% 以上，且超过 5000 万元 此外，需要注意的是，如未达到上述标准，但证监会认为可能损害公司或投资者权益重大问题的可责令其补充核查、披露
股份发行价格	价格无限制条件；支付手段的价格由交易双方自行协商确定，可参考董事会召开前一定期间内公众公司的股票市场价格、同行业可比公司的市盈率或市净率等 董事会应当对定价方法和依据进行充分披露	价格有限制条件；发行股份的价格不得低于市场参考价的 90%。市场参考价为本次发行股份购买资产的董事会决议公告日前 20 个交易日、60 个交易日或者 120 个交易日的公司股票均价之一
重组程序	1. 应经董事会决议。同时应在披露董事会决议的同时披露重组报告书、独立财务顾问报告、法律意见书、审计报告、评估或估值报告等 2. 如首次董事会决议前尚未完成审计，应在披露首次董事会决议同时披露重组预案及独立财务顾问对预案的核查意见；公司应在披露预案后 6 个月完成审计并再次召开董事会并披露董事会决议的同时披露重组报告书、独立财务顾问报告、法律意见书、审计报告、评估或估值报告等	1. 股东研究策划决策重组事项应及时通报上市公司，并配合上市披露。上市公司获悉敏感信息应及时申请停牌并披露 2. 上市公司预计重组事项难以保密或已经泄露的，应及时申请停牌，直至完整准确披露 但需要注意的是，停牌期间上市公司至少每周发布一次进展公告
股份锁定期限	一般对象 6 个月，控股股东 12 个月	一般对象 12 个月，控股股东 36 个月

第十章

将转板进行到底

新三板转板制度尚未真正落地实行，而注册制却已风起，已经有新三板企业等不及因而转投主板了。从 2016 年开始，这种上升势头继续得以延续，以好买财富、天地壹号等新三板知名企业为主，纷纷表达了转板意向。对此，广东一家新三板公司负责人表示，转板把握“天时、地利、人和”很重要，“天时”是选择上主板的最佳时间，要知道好的时机会带来惊喜，会为企业带来更大的收益；“地利”是了解什么样的企业适合上市，看自身是否符合上市的条件，有哪些不足；“人和”是重中之重，筹划内部专业上市团队是必需的。

本章从企业为什么转板，转板带来的风险以及转板所面临的“几道坎”等方面集中进行分析，希望可以为广大拟转板的企业带来借鉴意义。

新三板企业为什么要转板

据全国中小企业股份转让系统发布的最新数据显示，截至 2016 年 3 月底，中国的场外交易市场——新三板，已在年内帮助中小型企业融资 355.27 亿元人民币。

官方表示，截至 2016 年 4 月 6 日，在新三板挂牌的企业数量已达 6412 家，总市值达 2.86 万亿元，越来越多的企业正将新三板挂牌视作转板 A 股上市的捷径。

那么到底什么是转板呢？

通俗来讲，转板是指公司的股票从一个市场板块转到另一个市场板块进行交易。转板制度包括对转板市场、对象、形式、规则、条件、程序、信息披露以及监管等各个方面的制度设计，完善的转板机制有助于保持各个板块市场的独特性，维持各个层次的收益风险统一化，形成强流通性的多层次资本市场体系。

对于怀揣上市梦想的企业家来说，转板 IPO 对他们来说是登陆新三板最大的吸引力，也是对企业最大的价值。据了解，目前新三板的主管机构，已经从中国证券业协会变更为中国证监会。尽管新三板挂牌企业转板 IPO 的具体细则还没有出来，但在两者之间搭建转板机制，为新三板挂牌企业提供转板 IPO 的绿色通道这一点已十分明确。

如今，随着新三板影响力日益扩大和资本市场各项制度不断完善，新三板企业转板的途径也不再单一。下面介绍三类常见的转板路径。

路径一：被收购曲线上市

2015 年 6 月，一家名为瑞翼信息的公司，在新三板市场上格外引人注意。

2015 年 5 月 20 日，中小板的通鼎光电（002491）和瑞翼信息同时发布公告，通鼎光电计划以 15.70 元 / 股的发行价，发行新股收购瑞翼信息 51% 的股权。购买资产预案显示，截至去年底，瑞翼信息账面净资产为 2535 万元，而预估值为 2.25 亿元，预估增值高达 2 亿元。

由于被收购，瑞翼信息不再满足新三板挂牌条件，于 2015 年 5 月 16 日终止挂牌，彼时距离瑞翼信息在新三板挂牌才过去仅仅 4 个月。

而包括瑞翼信息在内，今年以来已经出现了数起新三板挂牌企业被上市公司收购的案例。公开信息显示，新冠亿碳（430275）就将两家全资子公司以 9660 万元的价格，转让给上市公司东江环保，溢价率分别达到 260%、180% 左右，市盈率分别约为 8.4 倍、6.2 倍。完成 100% 股权转让后，新冠亿碳两家子公司全部借道上市成功。

企业通过被并购实现曲线上市也成了转板的一种途径。

路径二：直接“对接”创业板

第二条路径，就是目前尚未实现，却被市场人士寄予厚望的直接“对接”。虽然 A 股目前尚无先例，但在其他成熟市场，这类“对接”制度已非常成熟。

2008 年，港联交所对创业板进行了改革，其中最突出的一点就是创业板企业转主板的程序和要求被显著简化。

国务院曾明确全国股转系统主要为创业型创新型中小企业服务，根据证监会相关规定，新三板公司转板上市前提是挂牌公司必须符合证券法规定的股票上市条件，在公司规范经营、财务报告真实性等方面要达到相应要求。目前全国股转系统挂牌公司转板到主板市场的相关制度仍在研究中。

转板机制是链接多层次资本市场体系中各个层次的桥梁，是资本市场建设的重要环节。目前我国多层次资本市场体系已初步建立，新三板市场是场外交易市场的主要组成部分，是我国多层次资本市场的基础，新三板的转板机制对优化资本市场功能具有极其重要的作用。

路径三：通过 IPO 转板

IPO是最为常见的转板形式。根据股转系统提供的数据，截至2015年5月底，已经有 8 家公司通过 IPO 的方式转板成功，它们分别是东土科技、博晖创新、紫光华宇、佳讯飞鸿、世纪瑞尔、北陆药业、久其软件、安控科技。其中，除了久其软件在中小板上市外，其余 7 家全部在创业板上市。

安控科技是 2014 年一个通过 IPO 方式从新三板转板至创业板的案例。安控科技 2013 年实现净利润 5103.72 万元，同比增长 12.82%。发行前公司股东总户数仅 109 人，发行前公司总股本为 4366 万股，其中约有半数被公司高管持有。2014 年 1 月 23 日，安控科技成功在创业板挂牌，本次 IPO，公司以 35.51 元 / 股的发行价发行 1345 万股，募集资金 1.49 亿元，上市首日收盘价 51.58 元，涨幅 45.25%。 在登陆创业板后，这些原始股股东们实现了“一夜暴富”。

对新三板挂牌公司来说，通过 IPO 转板可以募集一大笔资金，也因其特殊身份容易获得投资者关注，但 IPO 路途漫长，不确定性较大。

IPO 是什么

IPO，全称 Initial Public Offerings，意为首次公开募股，也称新股发行。是指一家上市企业或股份有限公司第一次将它的股份向社会公众公开招股的发行方式。

一般来说，新股首次公开上市完成后，这家公司就可以申请到证券交易所或报价系统进行挂牌交易。

申请 IPO 的要求

（1）拟申请 IPO 的企业股票经国务院证券管理部门核准已公开发行。

（2）拟申请 IPO 企业股本总额不少于人民币 3000 万元。

（3）拟申请 IPO 企业公开发行的股份占公司股份总数的 25% 以上。且股本总额超过 4 亿元的，公开发行的比例为 10% 以上。

（4）拟申请 IPO 企业在最近三年内无重大违法行为，财务会计报告无虚假记载。

IPO 程序

符合上述申请条件的企业需同时向监管部门提交一份招股说明书，只有招股说明书通过了审核，该企业才能继续被允许公开募股。由中国证券监督管理委员会负责审核招股说明书，具体审核环节如下。

1. 材料受理、分发环节

中国证监会受理部门的相关工作人员根据《中国证券监督管理委员会行政许可实施程序规定》（证监会令第66号）和《首次公开发行股票并上市管理办法》（证监会令第32号）等规则的要求，依法受理IPO首发申请文件，并按程序转发行监管部。

发行监管部综合处收到申请文件后会将其分发至审核一处和审核二处，审核一处及审核二处根据发行人的行业、公务回避的有关要求以及审核人员的工作量等确定审核人员。

同时送报国家发改委征求意见。

2. 见面会环节

此环节旨在建立发行人与发行监管部门之间的初步沟通机制。见面会参会人员包括发行人代表、发行监管部部门负责人、综合处、审核一处和审核二处负责人等。

会上由发行人简要介绍企业基本情况，发行监管部部门负责人介绍发行审核的程序、标准、理念及纪律要求等。

3. 审核环节

审核机制的设立旨在督促、提醒保荐机构及其保荐代表人做好尽职调查工作。

审核环节安排在反馈会前后进行，参会人员包括审核项目的审核一处及审核二处的审核人员、两名签字保荐代表人和保荐机构的相关负责人。

4. 反馈会环节

审核一处、审核二处审核人员审阅发行人申请文件后，对所审核情况从非财务和财务两个角度撰写审核报告，并提交反馈会讨论。

反馈会主要讨论初步审核中关注的主要问题，确定需要发行人补充披露、解释说明以及中介机构进一步核查落实的问题。

审核过程中如发生或发现应予披露的事项，发行人及其中介机构应及时报告发行监管部并补充、修改相关材料。初审工作结束后，将形成初审报告（初稿）提交初审会讨论。

5. 预先披露环节

具备条件的项目由综合处通知保荐机构报送发审会材料与预先披露的招股说明书（申报稿）。发行监管部收到相关材料后安排预先披露，并按受理顺序安排初审会。

6. 初审会环节

初审会由综合处组织并负责记录，发行监管部部门负责人、审核一处和审核二处负责人、审核人员、综合处以及发审委委员（按小组）参加。

初审会由审核人员汇报发行人的基本情况、初步审核中发现的主要问题及其落实情况。

根据初审会讨论情况，审核人员修改、完善初审报告。初审会讨论决定提交发审会审核的，发行监管部在初审会结束后出具初审报告，并书面告知保荐机构需要进一步说明的事项以及做好上发审会的准备工作。初审会讨论后认为发行人尚有需要进一步落实的重大问题、暂不提交发审会审核的，将再次发出书面反馈意见。

7. 发审会环节

发审委制度是发行审核中的专家决策机制。目前发审委委员共25人，分三个组，发审委处按工作量安排各组发审委委员参加初审会和发审会，并建立了相应的回避制度、承诺制度。

发审委通过召开发审会进行审核工作。发审会以投票方式对首发申请进行表决，提出审核意见。

发审会认为发行人有需要进一步落实的问题的，将形成书面审核意见，履行内部程序后发给保荐机构。

8. 封卷环节及会后事项环节

发行人的首发申请通过发审会审核后，需要将申请文件原件重新归类后存档备查，又称封卷工作。封卷环节在落实发审委意见后进行，如没有发审委意见需要落实的，则在通过发审会审核后即可进行封卷。

会后事项环节是指发行人首发申请通过发审会审核后，招股说明书刊登前发生的可能影响本次发行及对投资者做出投资决策有重大影响的应予披露的事项。

存在会后事项的，发行人及其中介机构应按规定向综合处提交相关说明。须履行会后事项程序的，综合处接收相关材料后转审核一处、审核二处。

同时，审核人员按要求及时提出处理意见。按照会后事项相关规定需要重新提交发审会审核的需要履行内部工作程序。

此外，如果申请文件没有封卷，则可以与会后事项同时进行。

9. 核准发行环节

核准发行环节是指，封卷并履行内部程序后，将进行核准批文的下发工作。

10. 宣传环节

通过审核后，企业就可以通过各种宣传手段来向公众宣传自己的企业（比较常见的宣传方式是路演）。经过这一步骤，一些公司或金融机构投资者会对 IPO 的公司产生兴趣，他们将作为风险投资者来投资 IPO 公司。

IPO 的两个关键

IPO 有两个关键因素，分别为证券发行审核制度及发行定价制度。

证券发行审核制度是各国对发行活动实行监督管理的重要内容之一，是证券进入市场最重要的门槛。随着我国经济的快速发展，证券发行制度的改革也逐渐变成了证券市场制度重建中的重中之重。

IPO 定价机制是指，获准首次公开发行股票的上市公司与股票承销商在上市前对股票发行价格进行确定，并最终出售给投资者的一种制度安排。

股票定价机制的存在至关重要。其可以衡量所定股票价格是否合理，并将股票市场资源配置功能发挥到最大。

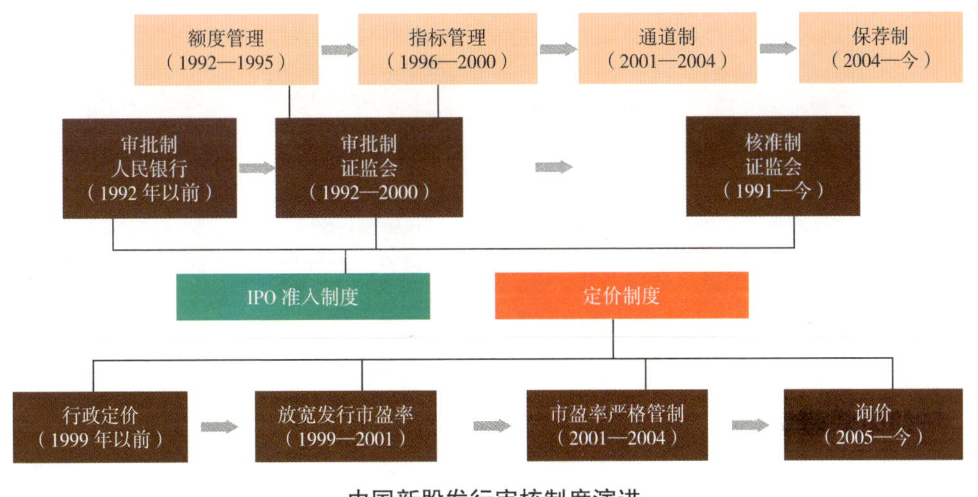

中国新股发行审核制度演进

我国现行 IPO 制度，是 2006 年“新老划断”以后开始实施的，其主要特点是建立了一个面向机构投资者的询价机制，实行网下配售和网上申购的发行方式，同时在部分大盘股中引进战略投资者配售。

自实施以来，IPO 新股发行制度形成了一个向机构投资者倾斜的发行模式，并且是以资金量的大小为配售新股的最主要原则。新发行制度的实施为工商银行、中石油、中国人寿等一批大盘股的顺利发行创造了良好的条件，对承接大盘股的回归、扩大直接融资的比例起到了至关重要的作用，这也为新股发行定价走向市场化迈出重要一步。

IPO 和新三板的区别

下面就IPO和新三板项目审核时都会遇到的重大板块进行比较区分（见下表）。

IPO 和新三板的区别

关注方向		新三板	IPO	
			主板	创业板
主体资格	股本要求	公司法对企业公司股本的要求，原来为 500 万，现在无要求	发行后，股本总额不少于 3000 万元	发行前股本总额不少于 3000 万元
	经营年限	存续满两会计年	持续经营时间在三年以上	
	主营业务	主营业务突出，具有持续经营能力	最近两年内没有发生重大变化	最近三年内没有发生重大变化
主体资格独立性	股东的适格性	可如实披露，并给出解决方案，不影响挂牌	申报前清理	申报前清理
	股份代持	申报前解除	申报前解除	申报前解除
	实际控股人变更	如实披露，提示风险	最近三年内变更构成障碍	最近两年内变更构成障碍
	主营业务发生重大变化	如实披露，一般不构成障碍	最近三年内变更构成障碍	最近两年内变更构成障碍
	董事、高管的重大变化	如实披露，一般不构成障碍	最近三年内变更构成障碍	最近两年内变更构成障碍
	突击入股	不构成障碍，无锁定期	重点关注，详细核查，且有锁定期	重点关注，详细核查，且有锁定期

续表

关注方向		新三板	IPO	
			主板	创业板
主体资格独立性	对赌	不允许与挂牌公司对赌	不允许对赌	不允许对赌
	出资瑕疵	出资真实、充足，没有运行时间要求	解决出资问题之后可能存在 1~3 年的运行时间	解决出资问题之后可能存在 1~3 年的运行时间
	子公司出资	按照子公司章程，重要子公司足额到位	按照子公司章程，重要子公司足额到位	按照子公司章程，重要子公司足额到位
	子公司的核算	重要子公司视同拟挂牌主体检查	所有子公司都需要严格核查	所有子公司都需要严格核查
公司治理与规范运作	独立性	不应做扩大化解释	实质性独立	实质性独立
	家族型治理结构	比较常见	不鼓励	不鼓励
	实际控制人	无限制	最近两年内未发生变更	最近三年内未发生变更
	董事及高级管理人员	无限制	最近两年内未发生变更	最近三年内未发生变更
	重大违法违规	最近 24 个月内会构成实质性障碍	最近 36 个月内会构成实质性障碍	最近 36 个月内会构成实质性障碍
	欠缴税费	原则上清缴	明确要求清缴	明确要求清缴
	核定征收	一般在最后一年或者一期改为查账征收即可	从严，最好在报告初期改为查账征收	从严，最好在报告初期改为查账征收
	劳动用工	合法合规，临时用工、季节性用工未强制要求清理	合法合规，临时用工、季节性用工未强制要求清理	合法合规，临时用工、季节性用工未强制要求清理
	社保缴纳	未强制，但是建议公司规范运作	可能构成障碍	可能构成障碍
	资金占用	申报前全部清偿或予以规范	申报前全部清偿或予以规范	申报前全部清偿或予以规范
	行政处罚	非重大不构成障碍	非重大不构成障碍	非重大不构成障碍
	未办理资质许可	非重要的不构成障碍	一般构成障碍	一般构成障碍
同业竞争和关联交易	同业竞争	控股股东、实际控制人不得存在同业竞争	不要有实质性同业竞争	不要有实质性同业竞争
	关联交易	减少和规范	减少和规范	减少和规范
审核要求	发行上市	中国证监会（超过 200 人）或者全国股转系统（未超过 200 人）审核	中国证监会审核	中国证监会审核
	再融资	中国证监会（超过 200 人）核准或者全国股转备案（未超过 200 人）	中国证监会审核	中国证监会审核

新三板转板的风险

一般来说，借道转板的风险分为两个类别。一个称为未知存在的风险，即在转板过程中出现的不可预知的风险及弊端，也叫作“黑天鹅事件”。另一个叫作已知存在的风险，即企业在借道的过程中因为政策等方面的不足，存在的已知的会产生的风险。

接下来，我们主要对已知存在的风险进行解析归纳，大概分为以下几种。

1. 企业的持续经营风险和退市风险

对于投资者而言，如果投资的公司成功转至创业板，那可能就是瞬间几倍甚至几十倍的收益，退出渠道也变得宽广了起来。

在转板制度更多细节出来之前，按照规则，新三板企业想要转板，必须先从新三板退市，变成非公众公司后重新申请 IPO。这就导致企业在申请转板时承担了相应的风险，即如果转板成功，企业也算“借道成功”，但一旦转板失败，企业再回新三板市场则非常麻烦。

2. 运营风险

新三板挂牌公司多为高新技术企业，这类企业技术更新较快，市场反应灵敏，对单一技术和核心技术人员的依赖程度较高，这在本质上决定了其动性较大。

此外，新三板企业通常规模不大，而且其主营业务收入、营业利润、每股净收益等财务指标远低于上市企业，导致抗市场和行业风险的能力较弱。

3. 信用风险

虽然股份报价转让过程有主办券商的督导和协会的监管，但仍然无法避免中止交易的风险，影响投资者的预期收益。特别需要注意的是，股份报价转让并不实行担保交收，可能因为交易对手的原因而导致无法完成资金交收。

4. 企业的业务风险

业务风险并不是企业以主观恶意造成的，但是却真实存在并威胁着三板企业的经营成果，且很难以三板企业的意志为转移。尤其是一些已经是过剩行业的挂板企业，在风险抵御能力、融资能力、人才招揽能力都弱于上市公司的情况下，很难有优于上市公司的表现。

5. 流动性风险

通过 IPO 转板将给企业带来潜在的流动性风险。多家发布 IPO 辅导的新三板挂牌企业，在公告发布后迎来大幅下跌，除股东问题外，有机构投资者选择了提前退出。

2015 年，发布接受上市辅导公告的新三板公司超过 50 家，实际上，整个 2015 年只有双杰电气、康斯特与合纵科技三家公司实现成功转板创业板。所以说，转板新三板并不是“想转就转”的，一定要在转板前结合企业的实际情况，认清转板的风险所在，使企业良性发展。

新三板企业转板需“打通”哪些阻碍

在新三板扩容初期，转板制度就备受期待，但无论呼声多高，始终不见下文，直到2015年11月，证监会发布了推进新三板发展的若干意见，文件中提到，研究新三板向创业板转板试点，探索与区域股权市场的对接机制。

2016年春节过后，转板似乎成了新三板挂牌企业的新风尚。进入2016年2月，已经有20家企业发布了启动上市计划的公告。在2015年证监会发布的关于新三板的指导意见中曾提到转板制度，如今制度推进并无新的进展，而企业却纷纷签署IPO辅导协议。在业内人士看来，这或与新三板市场的流动性以及融资环境有关，然而，在没有绿色通道的情形下，挂牌企业的转板之路并不好走。

众所周知，新三板与创业板是不同的市场，在不同市场之间要实现转板，就必须打通制度上的阻碍。那么新三板企业转板创业板要“打通”哪些阻碍呢？

首先，法律层面的概念界定。

现行《证券法》规定，上市条件之一就是“股票经国务院证券监督管理机构核准已公开发行”，而当下新三板挂牌企业目前并没有公开发行，更多的是定向发行和公开转让，转板成行的前提是证监会对上市条件进行系统界定。

其次，设置转板通道。

虽然不久前修订的《首次公开发行股票并在创业板上市管理办法》降低了创业板上市门槛，但仍保留了盈利要求，这就意味着亏损的网企在挂牌新三板一年后，若无法扭亏为盈则仍然难登创业板。所以在吸引亏损企业和高新技术企业方面，交易所还需在转板通道设置上，修订规则予以对接。

最后，明确转板制度。

结合当下推进的注册制改革，转板上市的制度设计也应与之呼应协调。注册制改革强调“还权”于市场，首发通道的“宽进”配合监管层的“严管”，也应在转板制度的建立思路上有所体现，从而避免转板与首发两条上市路各行其是，造成预期混乱和行为异化。

需要强调的是，不管是新三板还是创业板，企业挂牌上市的目的都是为了融资以促使企业发展壮大。新三板的各项制度专为中小公司设计，尤其是高科技创新型企业，企业进入成熟稳定期后转板上市只是其中的路径之一。随着多层次市场的完善、注册制改革的推进以及市场供需趋向平衡，系统性、市场化的转板机制将会瓜熟蒂落、水到渠成。

知识链接　新三板实现转板的“两道坎”

尽管证监会多次表态支持尚未盈利的互联网和高新技术企业在新三板挂牌一年后到创业板上市，而且众多新三板挂牌企业也有转板意向，但从目前资本市场发展的现状来看，新三板转板路径确立还需完成多道工序。新三板在转板的过程中要迈过以下两个“门槛”。

1. 股权分散

股权分散程度将是新三板公司实现转板重要的一道坎，目前新三板市场中“符合证券法规定的上市条件”的上市公司已经不少，但新三板公司普遍股权集中度较高，并不符合主板上市的公开发行比例要求。

2. 存量股票低

创业板上市公司股本及公开发行比例要求为：①公开发行比例须≥ 25%；②如果发行后总股本 >4 亿股，公开发行比例须≥ 10%。目前并没有一家新三板挂牌企业实现存量股票转板上市的案例。

转板似乎成了新三板挂牌企业的新风尚。但是转板之路依然存在难度。这与新三板市场的流动性以及融资环境有关，然而，在没有绿色通道的情形下，挂牌企业的转板之路并不好走。

新三板转板经典案例分析——世纪瑞尔

iREAL
世纪瑞尔

案例经过：

世纪瑞尔成立于1999年5月3日，当初只是两位创始股东各拿了300万元注册了该公司，于2006年1月在深圳证券交易所三板市场挂牌交易。世纪瑞尔是2006年1月新三板正式成立后的第一个挂牌公司，挂牌后一度成为市场焦点，2009年9月9日，世纪瑞尔定向增发2000万股，其中1400万股为国投高科、启迪中海、启迪明德和清华大学教育基金会认购，600万股由原股东按持股比例配售，增资价格为4.35元/股。

作为在三板市场蛰伏4年的中关村公司，世纪瑞尔曾多次尝试过“转板”A股。虽几经努力，然而总是无疾而终。2006年11月，世纪瑞尔公告，公司递交的中小板IPO申请已获证监会受理，但一年之后，世纪瑞尔主动撤回申请，原因是“时机尚不成熟”。直到2010年12月13日，世纪瑞尔迎来了自己的幸运年。2010年12月初，公司发布公告，将“华丽转身”，登陆创业板。首次发行价格为32.99元，实际募资净额为11亿元，其中超募资金8.47亿元，全部用于公司主营业务相关的项目及主营业务发展所需的营运资金，正式完成了新三板转板创业板的完美一跳。

世纪瑞尔的招股说明书显示，公司的主要产品应用于铁路行车安全监控领域，主要产品如铁路综合视频监控系统、铁路防灾安全监控系统、铁路综合监控系统平台（含通信监控），在整个铁路市场拥有优势地位，市场份额处于领先地位。在铁路行车安全监控领域内，公司主要从事基于铁路综合监控系统平台、铁路通信监控系统、铁路综合视频监控系统、铁路防灾安全监控系统的开发与销售。并已在铁路综合监控系统平台、铁路通信监控子系统、铁路综合视频监控系统、铁路防灾安全监控系统等产品上确立了领先优势。公司的业务经营目标是继续巩固在铁路行车安全监控系统软件领域的领先地位，进一步扩大市场占有率和技术领先优势，形成系列化的覆盖铁路行车安全综合监控平台、信号监控、通信监控、电务监控、防灾监控、视频监控等主要行车安全监控领域的产品体系，成为中国最具竞争力的铁路行车安全监控系统专业厂商。

这支“新三板第一股”从新三板迈向创业板用了整整 4 年时间。尽管 IPO 路程有些坎坷，但世纪瑞尔的股东们倒是获益颇丰，尤其是当年参与了新三板定增的股东，在转板之后大赚一笔。在公司的招股材料中发现，此次冲击创业板的关键因素，除了企业自身的资质以外，还有时下被炒得火热的高铁概念，世纪瑞尔冲击 IPO 的定位是“充分受益于高铁建设的铁路行车监控系统龙头企业”。近年来，高铁建设成为国家重点扶持的项目，而世纪瑞尔依赖铁路综合视频监控等产品也迎来了新的发展机遇。

由新三板转板到创业板的世纪瑞尔上市之初，也一度给了投资者以很大的想象，尤其是公司上市首日以 56.99 元开盘，较 32.99 元发行价上涨近 73%。然而，2011 年“7·23 动车追尾事故”之后，世纪瑞尔虽然在第一时间内停牌，但是公司股票并没有躲过这次事件的影响。2013 年 7 月 20 日，公司收盘价为 10.96 元，较开盘首日的 56.99 元，下降 81%。

案例解析：

高铁安全事故给世纪瑞尔的安防监控业务带来的巨大冲击，加上目前中国铁路建设政策的不确定性，使企业风险加剧。因此，世纪瑞尔未来可能需要改变现有单一的盈利模式。不过，世纪瑞尔的市场意义，更多的还是在于，高达 11 个亿的募集资金量，让人们看到了新三板转板创业板的好处，从而在新三板掀起了冲击创业板 IPO 的热潮。

第十一章
其他监管制度

“十三五”规划提出的改革要求，对新三板市场建设者和参与者来说，这意味着更高的工作要求、更强的使命担当，新三板的监管制度也更加细化。

本章从差异化服务和监管、异常转让监管、分层制度管理以及自律监管等多个方面进行详细解析，希望可为拟挂牌的企业提供警示作用。

新三板将实施差异化服务和监管

2015 年 11 月 24 日，全国中小企业股份转让系统公司正式发布了《全国股转系统挂牌公司分层方案（征求意见稿）》。根据该方案，《全国股转系统挂牌公司分层方案（征求意见稿）》明确了新三板分层方案，主要参照以下三个标准。

1. 净资产 + 净资产收益率 + 股东人数

最近两年连续盈利，且平均净利润不少于 2000 万元（净利润以扣除非经常性损益前后孰低者为计算依据），最近两年平均净资产收益率不低于 10%（以扣除非经常性损益前后孰低者为计算依据），最低 3 个月日均股东人数不少于 200 人。

2. 营业收入复合增长率 + 营业收入 + 股本

最近两年营业收入连续增长，且复合增长率不低于 50%，最近两年平均营业收入不低于 4000 万元，股本不少于 2000 万元。

3. 市值 + 股东权益 + 做市商家数

最近 3 个月日均市值不少于 6 亿元，最近一年年末股东权益不少于 5000 万元，做市商家数不少于 6 家。

值得一提的是，在达到上述任一标准的基础上，须满足最近 3 个月内实际成交天数占可成交天数的比例不低于 50%，或者挂牌以来（包括挂牌同时）完成过融资的要求，并符合公司治理、公司运营规范性等共同标准。

此次方案虽然在起步阶段新三板将挂牌公司划分为创新层和基础层，但为保证市场分层的动态管理，每年 4 月 30 日挂牌公司年报披露后，全国股转系统将进行层级调整工作。通过设置维持标准将不符合创新层要求的挂牌公司调整到基础层。

在对创新层的市场监管方面，该方案从三方面提出要求：一是从信息披露的时效性和强度上适度提高了要求，要求该层公司披露业绩快报或业绩预告，并提高定期报告、临时报告披露及时性的要求，鼓励披露季度报告，加强对公司承诺事项的管理；二是要求创新层公司进一步完善治理结构和建立相关制度，要求设置专职董秘，强化对公司董监高敏感期股票买卖、短线交易的管理；三是对创新层公司实施严格的违规记分制度和公开披露制度，并与责任人员强制培训制度相衔接，研究引入自愿限售制度。

另外，该方案明确，对于基础层公司而言，在市场服务方面，目前主要以现行市场制度为基础运行；在市场监管方面，在执行现有监管规则的同时，适度降低定期报告和临时报告披露要求。

数据显示，截至 2015 年 11 月 24 日，全国股转系统（即新三板）共有 4291 家挂牌公司。由于挂牌公司在发展阶段、股本规模、股东人数、市值、经营规模和融资需求等方面呈现出越来越明显的差异，进行分层管理，通过差异化的制度安排，有助于实现分类服务、分层监管，降低投资者的信息收集成本。

新三板明确异常转让监管措施

2015 年 1 月 6 日，全国中小企业股份转让系统（下称“全国股转系统”）发布实施了《全国中小企业股份转让系统股票异常转让实时监控指引（试行）》（下称《指引》），进一步明确了异常转让的判定标准，以及日常监控中发现异常转让行为的监管和处罚措施。

《指引》对协议转让和做市转让方式下异常转让行为的认定标准进行了细化，并进一步明确了日常监控中发现异常转让行为时的针对性处理措施。全国中小企业股份转让系统转让异常情况处理办法（试行）详细内容如下：

第一条 为妥善处置转让异常情况，及时防范、化解全国中小企业股份转让系统（以下简称全国股转系统）市场风险，保障证券转让秩序，维护市场稳定，依据《证券法》《突发事件应对法》《国务院关于全国中小企业股份转让系统有关问题的决定》《全国中小企业股份转让系统有限责任公司管理暂行办法》和《全国中小企业股份转让系统业务规则（试行）》等规定，制定本办法。

第二条 本办法所称转让异常情况是指导致或可能导致全国股转系统证券转让部分或全部不能正常进行（以下简称转让不能进行）的情形。

第三条 引发转让异常情况的原因包括不可抗力、意外事件、技术故障等。

第四条 引发转让异常情况的不可抗力是指全国股转系统市场所在地或全

国其他部分区域出现或据灾情预警可能出现严重自然灾害、出现重大公共卫生事件或社会安全事件等情形。

第五条 引发转让异常情况的意外事件是指全国股转系统市场所在地发生火灾或电力供应出现故障等情形。

第六条 引发转让异常情况的技术故障是指：

（一）全国股转系统交易、通信系统中的网络、硬件设备、应用软件等无法正常运行；

（二）全国股转系统交易、通信系统在运行、主备系统切换、软硬件系统及相关程序升级、上线时出现意外；

（三）全国股转系统交易、通信系统被非法侵入或遭受其他人为破坏等情形；

（四）全国中小企业股份转让系统有限责任公司（以下简称全国股转公司）认定的其他情形。

第七条 转让不能进行是指无法正常开始转让、无法连续转让、转让结果异常、转让无法正常结束等情形。

第八条 无法正常开始转让是指：

（一）全国股转系统交易、通信系统在开市前无法正常启动；

（二）暂停、恢复证券转让、除权除息等重要操作在开市前未及时、准确处理完毕；

（三）前一转让日的日终清算交收处理未按时完成或虽已完成但清算交收数据出现重大差错而导致无法正确转让；

（四）10% 以上的主办券商营业部因系统故障无法正常接入全国股转系统交易系统等情形；

（五）因做市商系统故障，导致相关挂牌公司股票正常履行开盘报价义务的做市商不足 2 家。

第九条 无法连续转让是指：

（一）全国股转系统交易、通信系统出现 10 分钟以上中断；

（二）全国股转系统行情发布系统出现 10 分钟以上中断；

（三）10% 以上主办券商营业部无法正常发送转让申报、接收实时行情或成交回报；

（四）10% 以上的证券中断交易；

（五）因做市商无法正常发送转让申报、接收实时行情或成交回报，导致部分挂牌股票正常履行报价义务的做市商不足 2 家。

第十条 转让结果异常是指转让结果出现严重错误、行情发布出现错误、全国股转公司认定的指数计算出现重大偏差等可能严重影响整个市场正常转让的情形。

第十一条 转让无法正常结束是指尾市转让异常、可能导致无法正常完成，收市处理无法正常结束等可能对市场造成重大影响的情形。

第十二条 转让异常情况出现后，全国股转公司将及时向市场公告，并可视情况需要单独或者同时采取技术性停牌、临时停市、暂缓进入交收等措施。

全国股转公司采取前款规定措施的，及时报告中国证监会。对技术性停牌或临时停市的决定，全国股转公司通过指定信息披露平台及相关媒体及时予以公告。

第十三条 技术性停牌或临时停市原因消除后，全国股转公司可以决定恢复转让，并向市场公告。

恢复转让后，全国股转公司对转让异常情况相关背景、原因、应对措施进行总结、分析，并书面报告中国证监会。

第十四条 证券转让相关部门或机构在与证券转让相关的业务实施、流程衔接、操作运行等环节出现重大误差或失误等情形，导致或可能导致转让不能进行，需要采取技术性停牌、临时停市等措施的，参照本办法执行。

第十五条　国内外已经或可能出现对中国证券市场稳定及正常运行造成重大影响的事件或者出现其他全国性事件的，应国家有关部门要求临时停市的，参照本办法执行。

第十六条　本办法中相关用语的含义：

（一）全国股转系统市场所在地：是指全国股转系统交易、通信及清算交收系统所在地；

（二）自然灾害：包括但不限于台风、地震、海啸、暴雪、日凌、洪涝灾害；

（三）重大公共卫生事件：包括但不限于传染病疫情、群体性不明原因疾病、食品安全事件以及其他严重影响公众健康和生命安全的事件；

（四）社会安全事件：包括但不限于恐怖袭击事件、经济安全事件、涉外突发事件以及其他严重影响公共安全的事件。

第十七条　本办法由全国股转公司负责解释。

第十八条　本办法自发布之日起施行。

《指引》指出股票转让存在异常波动的情况包括，一、协议转让方式下，股票当日换手率超过 10%，或连续三个转让日换手率累计超过 20%；二、做市转让方式下，股票连续三个转让日涨跌幅累计超过 50%；三、全国股份转让系统公司认定的其他情形。

在对异常转让的监管和处罚上，《指引》中明确，对采取协议转让方式的股票，主要以及时公告的方式进行监管；对采取做市转让方式的股票，在合规监管的基础上突出做市商报告义务；对于个别股票转让明显异常的情况，《指引》中重申了全国股份转让系统公司要求挂牌公司申请股票暂停转让的权利。

《指引》的发布，对于股转系统规范和引导投资者交易行为，保障证券转让的正常秩序，及时防范、化解市场风险，维护市场“公开、公平、公正”，具有重要意义。

新三板分层管理制度是什么

2015年年底至2016年年初，新三板挂牌企业呈井喷式增长，截至2016年3月底新三板挂牌企业已突破6000家，其中更有八家新三板企业转板成功。新三板成为2015年至2016年金融投资界的热点话题，众多中小型企业也将新三板作为自身发展的突破口。

新三板有比沪深交易所更简便的挂牌流程，目前仍有2000多家企业在申报等待挂牌新三板，那么接下来的问题是：如此多的新三板企业，如何筛选优质企业就成为横亘在投资者面前的重要难题。

业内人士表示，新三板的包容度高、准入门槛相对较低，因此不管从静态的资产体量、盈利能力、股本规模等指标，还是从动态的成长速度上看，挂牌企业的差异很大。当达到一定规模后，内部分层是新三板制度优化的路径之一。

那么什么是新三板分层制度呢？分层制度设计的初衷是，针对挂牌公司差异化特征和多元化需求，实施市场内部分层，提高风险管理和差异化服务能力，降低投资人信息收集成本。

2015年11月24日，新三板公司发布《挂牌公司分层方案（征求意见稿）》。规定分层的思路是“多层次，分步走”，将起步阶段挂牌公司划分为创新层和基础层，每一层级市场分别对应不同类型的公司。2016年3月3日，全国中小企业股份转让系统（下称“新三板”）发布《关于做好挂牌公司分层信息揭示技术准备的通知》，要求各机构及相关单位按照要求，在 2016 年 3 月 31 日前做好挂牌公司分层信息揭示相关的技术准备工作。全国股转公司拟定于 2016 年 4 月组织挂牌公司分层信息揭示的全市场测试。

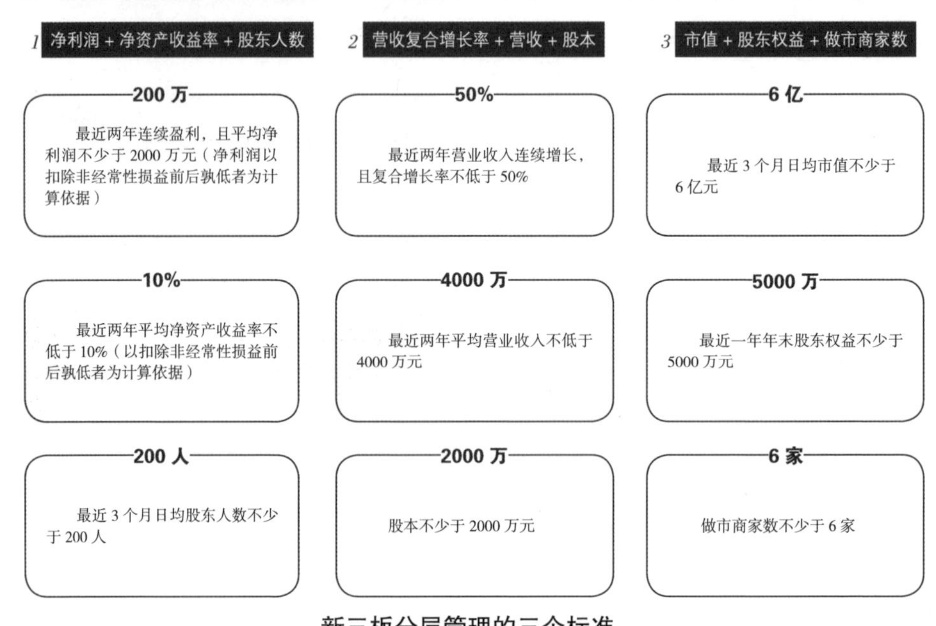

新三板分层管理的三个标准

新三板分层制度设置三套并行标准，筛选出市场关注的不同类型公司进入创新层。挂牌以来无交易或交易极其偶发且尚无融资记录的企业，还有交易或者有融资记录但暂不满足创新层准入标准的企业则纳入基础层。创新层公司优先进行制度创新的试点，基础层公司继续适用现有的制度安排。

新三板分层管理的两个目的

1. 引导投融资对接

新三板分层管理的目的之一是引导投融资对接。由于新三板准入端的包容度高，在静态上，企业间的差异大，包括规模、盈利能力、股本等，在动态上，企业发展的速度和进度也有很大异同。采用分层模式，就有利于投融资的对接。从企业自身来讲，很容易就能找到自己需要的“对家”；从投资者角度来讲，可以大大降低搜集成本，同时缩小投资搜寻的时间和范围，因而对引导投融资更为精准、效率更高。

2. 差异化的制度安排

新三板分层管理的目的之二是差异化的制度安排，既是监管的要求，也是服务的要求。

由于企业的成长阶段不同，特色不同，通过分层以后，就可以在交易制度、发行制度、信息披露的要求等制度供给方面，进行差异化的安排。

新三板实施分层管理的影响及优势

新三板实施分层管理具有以下影响及优势。

1. 有助于多元化的融资选择

新三板覆盖面广，包括盈利能力较强的成熟企业、处于成长期的微利企业和初创期的亏损企业。分层管理更有助于对应挂牌公司多元化的融资选择，未来在推出公司债、可转债、优先股等一系列新型融资工具时，可在不同层次的内部市场分别予以考虑。

2. 融资优势

2015 年，新三板挂牌企业共融资 1216.17 亿元，这一融资规模已超过 2015 年的创业板融资。当分层制推出后，挺进创新层的数百家公司将受到更多的融资关注。对企业成长来说，融资是重中之重，一旦正反馈形成，与其在创业板排队，分流至新三板的企业会越来越多。

3. 有助于降低信息的不对称性

新三板扩容迅速，挂牌公司的小规模、高科技、初创期、细分行业等特征，令其投资难度较高，而分层归类有助于降低信息的不对称性，能让不同的投资者甄选合适的投资标的，提升市场流动性，规避投资风险。

4. 显著改善流动性

与企业融资问题类似，分层制的推出不仅能有效降低投资者搜集企业信息的成本，更能显著改善流动性。对流动性的期待来自多方面，对混合做市的期待，对公募基金入市的期待，对新三板做市商扩容的期待，更有终极的投资者门槛降低的期待，这些都是长远解决新三板流动性的重要步骤。

5. 制度优势

挂牌优势已经让新三板远超创业板，而在分层后的差异化制度服务上，分层制将有不少制度红利。正如监管部门所说："未来分层实施后，全国中小企业股份转让系统将进一步跟踪研究和评估相关制度机制，按照权利义务对等原则，逐步丰富和完善不同层级挂牌公司的差异化制度安排。"

新三板不是任何市场的预备，企业从新三板转板不外乎是企业想从转板过程中获得更高的估值、更好的流动性、更方便企业未来的发展规划，而新三板分层以及后续一系列制度安排都将是对企业最大的吸引力，使其留下来见证新三板的辉煌成长。

新三板自律监管措施实施细则

经历了2015年新增3500余家挂牌企业的繁荣之后，2016年新三板市场迎来了监管之年。2016年2月，暂停PE机构和类金融机构挂牌以及出自全国股转系统的自律监管措施等都预示着今年新三板监管趋严。

与2015年的“零容忍”监管态度一致，2016年，新三板市场的监管制度、规则将更加系统化。全国股份转让系统以2015年11月份证监会印发的《关于进一步推进全国中小企业股份转让系统发展的若干意见》为依据，形成自律监管体系，从而维护市场稳定发展。

在挂牌推荐业务端，2016年将强化监管，具体措施包括规范主办券商推荐业务底稿存管方式，在目前纸质留痕的基础上，建立推荐业务底稿电子化存管平台，制定配套规则，实现推荐业务的过程留痕、电子见证和云端存储，该项措施将于2016年上半年开始实施。

此外，新三板还将强化申报披露的监管要求，对未能勤勉尽责，导致申请文件存在虚假记载、误导性陈述或重大遗漏的申请挂牌公司、中介机构及其他信息披露义务人直接采取自律监管措施。从被监管主体来看，由于推荐挂牌以及做市商制度的存在，新三板市场的主办券商在推荐挂牌端、推动交易端均发挥着主导作用，因此对券商的监管将是重中之重。

那么，全国股份转让系统公司如何对主办券商进行自律管理？详细介绍如下。

主办券商及其持续督导人员出现以下情形之一的，全国股份转让系统公司视情形对主办券商及其相关人员采取约见谈话、责令接受培训、出具警示函、责令改正等自律监管措施：

（1）未建立或者未有效执行持续督导工作制度、工作底稿管理制度、信息隔离制度；

（2）未按规定对挂牌公司信息披露文件进行事前审查；

（3）未按规定对挂牌公司进行核查或者现场检查；

（4）未按规定对挂牌公司相关人员进行培训；

（5）未按规定向全国股份转让系统公司报告挂牌公司重大情况；

（6）全国股份转让系统公司规定的其他情形。

主办券商及其持续督导人员出现以下情形之一的，全国股份转让系统公司视情形对主办券商及其相关人员采取出具警示函、暂不受理文件、通报批评、公开谴责等自律监管措施或纪律处分；情形严重的，限制、暂停直至终止主办券商从事推荐业务。

（1）持续督导工作底稿等与督导相关的文件存在虚假记载、误导性陈述或者重大遗漏，或者未按规定建立持续督导工作底稿；

（2）唆使、协助或者参与挂牌公司披露存在虚假记载、误导性陈述或者重大遗漏的信息；

（3）不配合全国股份转让系统公司自律管理工作；

（4）通过持续督导工作谋取不正当利益；

（5）严重违反诚实守信、勤勉尽责义务的其他情形。

全国股转系统有关负责人表示，主办券商作为重要市场参与人，在市场运行的各个环节都起着关键作用。制定《评价办法》的初衷源于在日常监管过程中发现，主办券商执业过程中出现大量未明确违反规则，但同时表现为执业质量低下的行为，反映出主办券商管理层合规意识薄弱、从业人员经验不足、执业态度不严谨等问题。

由于目前对主办券商的要求提高，在新三板企业挂牌前后的监管从严，对于主办券商而言，不仅是考核的要求提高，而且考虑评价体系的建立，需要机构耗费更高的成本进行审核，且经营的风险也会加大。由于此前新三板挂牌企业质量良莠不齐，评价办法实施后，此前一些敷衍服务而没有尽到核查和督导任务的券商将面临巨大压力。

第十二章

经典案例解析

截至2016年2月16日，新三板挂牌公司数量已经达到5720家，总股本达到3304.3亿股。

与此同时，还有一些企业正在筹备创业板或者中小板上市，本章根据已成功挂牌上市公司的真实案例，归纳出八种不同类型的挂牌方式，并从企业挂牌的过程中提炼出相关问题及解决方案。本章中每个案例附有关键词，方便读者根据具体问题查找，相信阅读本章能为广大读者带来更多启示。

首家转板中小板的三板公司——粤传媒

案例：

广州日报传媒股份有限公司（简称“粤传媒”，在2012年8月由“广东九州阳光传媒股份有限公司”更名而来）于2007年11月16日在中小板挂牌，是最早从“新三板”成功转板至“中小板”的企业，它不仅开启了三板转板先河，也是中小板上第一只传媒股、广东省第一家媒体上市公司。

而在成为第一家三板转中小板的公司之前，粤传媒已经在代办股份转让系统（即原来的“老三板”）挂牌6年，其前身是曾在原NET系统上市流通的清远建北。

1999年9月9日，两网正式停止运行，在NET系统上市的清远建北最低也跌到了0.18元，股民被严重套牢。

从2000年10月底开始，广州日报社通过资产置换受让了清远建北（后改名为粤传媒）的国有法人股14 669万股，占公司总股本的36.79%，成为该公司第一大股东。

成为其第一大股东开始，粤传媒就一直谋求在主板上市，但受困于管理层三板转主板政策的不明确和大股东广州日报社内部发生的人事变动，几经努力均未如愿。当初借壳清远建北的一个重要原因是当时广州日报的高层认为，管理层将很快出台三板转主板的政策，最迟在一年之内他们能够登陆主板。但谁也没想到后来的上市之路如此曲折，一等就等了 7 年。

先是大股东广州日报发生了重大的人事变动，2002 年 1 月，广州日报社原总编辑、清远建北法人代表、董事长何向芹被双规；2002 年 6 月 3 日，广州日报原社长黎元江被双规，清远建北的主板上市被迫暂停。

2003 年年底，广州日报才拿到新闻出版总署准予上市的相关批文。

2004 年 2 月 2 日，清远建北（400003）与东方证券股份有限公司正式签订了转主板上市的推荐协议，当时的方案是直接转板上市。直到 2005 年 7 月粤传媒才披露，证监会受理了其股票的上市核准申请。

为了能尽快转板成功，之后粤传媒对上市方案又做了调整，由“转板”变成了“升板”。 2006 年 8 月 15 日粤传媒发布公告称，为适应《证券法》修订的要求，董事会同意公司上市方案由直接转板上市调整为首发上市，至此，粤传媒的转板之路才逐渐明朗起来。

2006 年，粤传媒的申请成功获批，一改三板“只进不出”的历史，三板公司的转板之路由此正式开启。

“升板”后，粤传媒登陆中小板，成为中小板首家上市传媒概念股。转板时，粤传媒发行 7000 万股新股，其中 5000 万股向控股股东及三板流通股股东按照 10 配 2.769 673 1 股的比例配售，其余 2000 万股向社会公众公开发行。粤传媒主要业务包括广告代理、印刷和报刊销售，转板前 3 年净利润分别是 6181 万元、6035.52 万元和 6431.53 万元。

案例解析

粤传媒被外界所广泛熟知，一方面是中国报业第一股的身份，另一方面是新三板首家转板的身份。长期以来，虽然我国的文化传媒业一直对上市“蠢蠢欲动”，但出于种种因素的考虑，上市过程停滞不前。

粤传媒带领中国传媒业的体制改革进入了一个新的阶段。随后，华闻传媒、浙报传媒、新华传媒等报业巨头相继现身 A 股，直至如今，传媒类企业的上市热潮也丝毫不减。资本运作被传媒企业视为战略发展的必要手段，而中国传媒业也由于资本的广泛介入而进入全新的发展阶段，实现了产业与资本的有效融合。

新三板企业成功资本运作典型案例——九鼎集团

案例：

2014年4月2日，九鼎集团登陆新三板，成为第一家登陆新三板的私募股权机构。站在风口浪尖，借助新三板的融资优势，九鼎投资一扫IPO受阻的阴霾，再次成为全市场关注的焦点。

九鼎集团（下称九鼎）的第一次逆袭是因为赶上了创业板的风口；第二次逆袭则源于2014年挂牌新三板，并且此后通过一系列眼花缭乱的运作获得上百亿融资，并成为新三板第一家千亿市值公司。下面就揭示一下九鼎投资的发展历程。

2014年4月，九鼎首登新三板，增资35亿元。

同年6月，九鼎以每股750元高价发行300万股，第二次增资22.5亿元。

同年7月，九鼎投资设立包括“九泰基金”在内的多家分公司，踏入公募基金管理、劣后投资、个人风险投资等业务领域。

同年10月，九鼎投资出资约3.6亿元对天源证券进行增资，绝对控股并改名“九州证券”。同期在开曼设立九鼎国际GP公司，主要用于投资美国房地产及海外资产配置基金。

2015年后，九鼎投资一触即发，伸入第三方支付、军民融合、农业、互联网云计算、P2P金融、民营银行、证券期货、保险等多个领域，并通过入主A股公司，首开新三板公司借壳上市之先河。

2015 年 5 月，九鼎以 41.5 亿元收购中江集团（中江地产是在我国 A 股上市公司，其主营业务是房地产开发和投资旅游项目）100% 的股权，通过中江集团，九鼎得以间接持有 A 股上市公司中江地产（600053.SH）72.37% 的股权。算上中江集团 10.83 亿元的负债以及附加认购条款，九鼎最终承担的对价是 52.46 亿元。在这之后，九鼎将昆吾九鼎资产注入中江地产。中江地产复牌后连拉 14 个涨停板，九鼎的浮盈达到惊人的 104.33 亿元。

目前，中江地产已经改名为九鼎投资，可见其主要业务也将逐渐转移向金融方面，房地产将变为次之，地产与金融结合是目前企业比较流行的模式。此次收购也将会为九鼎集团带来更加良好的形象，丰富其业务范围，有利于进一步强化其在金融私募方面的地位，同时也可以为其缓解资金压力，寻找投资资金的退出渠道，缓解资金链条的压力。

案例解析

九鼎集团在借壳中江地产挂牌新三板后，开始了一系列的疯狂的资本运作。此次收购中江集团以及中江地产，也是其极力扩张的表现。这也是新三板企业收购 A 股上市公司的代表作。在无法登陆 A 股市场后，新三板的一些企业目光也投向 A 股的猎物。2015 年 11 月 30 日，九鼎集团公司控股子公司昆吾九鼎转让给中江地产事宜，转让后中江地产 100% 控股昆吾九鼎，昆吾九鼎也是通过借壳登陆 A 股的，中江地产将变身 A 股私募第一股，九鼎“父子”双簧欲打造资金闭环，独创九鼎模式。

2016 年 5 月 3 日，九鼎集团总市值达 1024.5 亿元，数据可得的挂牌企业平均市值为 6.71 亿元。同时九鼎投资还是注册资本最多的企业，该企业目前注册资本高达 55.00 亿元。

上市公司分拆子公司挂牌新三板——大族激光

案例：

上市公司分拆子公司挂牌新三板的案例很多，以下通过大族激光的案例来解析拟上市企业分拆子公司上市的过程及影响。

大族激光（002008）旗下控股子公司元亨光电和大族冠华、大族能源分别于2014年1月、2014年6月、2014年8月先后挂牌新三板。

1. 元亨光电

元亨光电（430382）创立于2002年8月，创立时即为股份有限公司。元亨光电主要从事LED显示屏、LED照明等LED应用产品的技术开发、生产、销售、安装及售后服务。

2009年11月，大族激光以1800万元的价格购得元亨光电26.5%的股份。同年12月，大族激光对元亨光电增资2380万元，增资完成后，大族激光持有元亨光电51%的股权。2010年10月，元亨光电以资本公积转增方式以及现金方式进行增资，其中，大族激光现金增资382.5万元，保持股份比例不变。

2011年以来，元亨光电与大族激光发生的关联交易占比很小且定价公允。

元亨光电的《公开转让说明书》中提到：公司控股股东控制的其他企业大族绿能，从事的主要业务涉及LED应用产品产销等，营业收入占公司5%左右，其与公司在销售规模、主要产品及其定位、主要客户、主要供应商等方面均有较大差异，自成立以来其与公司在业务开展中并未形成直接竞争。此外，路升光电、国冶星光主营业务亦涉及 LED 上游封装等业务。

公司控股股东大族激光及其实际控制人高云峰均出具了避免同业竞争的承诺函，提出了解决措施，且承诺逐步将该部分存在潜在同业竞争的业务通过拆分、转让、整合、停止经营等方式进行规范，以彻底解决潜在的同业竞争问题，促进大族激光 LED 领域业务的持续健康发展。但如若该等问题解决过程中遇到较大阻碍，解决时间超过预期，将可能给公司未来业务发展带来不利影响。

2012 年末，元亨光电总资产占大族激光资产总额比例为 2.55%，营业收入占大族激光营业收入的 5.33%，利润总额占大族激光利润总额的 1.98%，净利润占大族激光净利润的 2.05%。

元亨光电 2014 年 1 月挂牌，10 月就实现了转让并出表。2014 年 10 月 21 日，大族激光采用协议转让的方式以 4.32 元 / 股的价格成交 872.1 万股，占元亨光电总股本的 17%。上述股份转让后，深圳市大族激光科技股份有限公司持有元亨光电 1744.2 万股，占公司总股本的 34%；深圳市元亨瑞乾控股有限公司持有元亨光电 872.1 万股，占公司总股本的 17%。

大族激光在年报中披露：元亨光电在新三板上市，大族激光初持有其 51% 的股权，初始成本 4562.50 万元，纳入合并范围，2014 年 10 月 24 日，大族激光转让了持有的 17% 的股权，交易价格 3767.47 万元，此次股权转让后大族激光不再对其拥有控制权，根据现行会计准则将持有的 34% 的剩余股权参照股权转让交易价格进行公允价值调整，并将其中已签有股权转让协议的 17% 股权划分为持有待售的资产核算，将另外的 17% 股权调整入可供出售金融资产核算。

可以推测元亨光电挂牌的目的很可能就是为了实现转让。

2. 大族冠华

2006 年 11 月大族冠华（830820）由大族激光和三家法人机构发起设立，设立时大族冠华就属于股份公司。

大族冠华设立时，大族激光持股 51%。经过数次增资和股权转让，大族激光持股比例为 70.81%。

大族冠华主要从事系列商业印刷及包装印刷机械设备的研发、生产、销售，主要生产胶印机。公司生产的印前设备主要为 CTP（计算机直接制版机）系列产品；印后设备主要为激光模切机系列产品。印前、印后设备均为冠华品牌产品。

大族冠华 2013 年末总资产、净资产、2013 年度归属于母公司的净利润占大族激光（合并报表）比例分别为 9.80%、8.18%、-2.76%，主要财务指标占上市公司的比例很低。

2014 年 6 月 30 日，大族冠华正式在全国中小企业股份转让系统（新三板）挂牌上市了，这是一个新的里程碑，表明大族冠华正式进入资本市场。

从大族冠华设立至今，大族激光未曾将募集资金直接投入大族冠华，也不涉及将募集资金间接投入大族冠华的情形。

3. 大族能源

大族能源有限责任公司成立于 2003 年 1 月，股份公司成立于 2014 年 3 月，2014 年 8 月 20 日在新三板挂牌。挂牌时，大族能源的股权结构如下：大族控股持股 0.9%，大族激光持股 99.1%。

大族能源专业从事三维立体卷铁心干式变压器、三维立体卷铁心液浸式变压器、智能型箱式变电站等节能型配电变压设备的研发、生产、销售和服务，电压等级在 35kV 以内，主要用于配电系统，将电压降低以满足生产和日常生活的要求。

大族能源挂牌的原因预计是为了方便融资或者部分股东的退出。

案例解析

除了完善治理结构外，分拆子公司挂牌新三板渐成趋势，这与新三板的融资制度有很大关系。相比于 A 股市场普遍长达一年多的再融资期限，新三板融资期限一般在三个月左右，且审批手续简单，甚至可以免审批。

此外，新三板毕竟可以公开定价，上市公司子公司在新三板可以获得较为公允的定价。

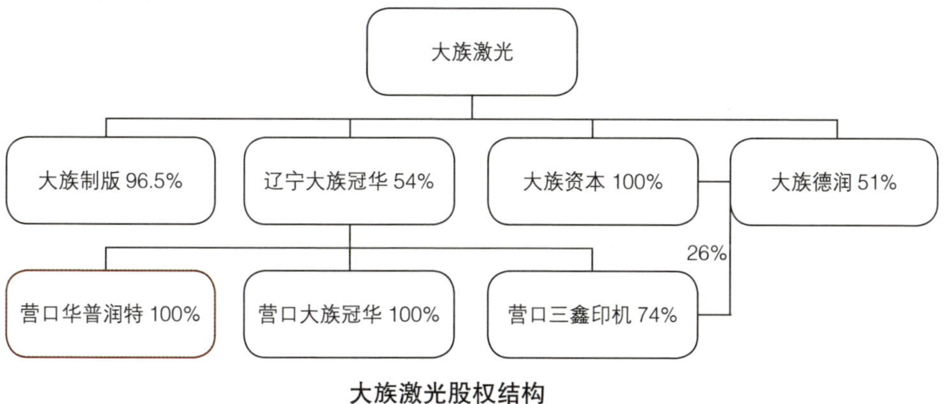

大族激光股权结构

新三板定向增发案例——皇冠幕墙

案例：

2013年11月6日，天津皇冠幕墙装饰股份有限公司挂牌上市，可转换股份为247.50万股，总股本为4415.00万股。

2014年3月27日，皇冠幕墙（430336）发布定向发行公告，详细内容如下：

（1）发行主体：天津皇冠幕墙装饰股份有限公司。

股份简称：皇冠幕墙

股份代码：430336

（2）发行种类及数额。

1）发行种类：无限售条件的人民币普通股。

2）发行方式：定向发行。

3）发行数量及金额：不超过200.00万股（含200.00万股），融资额不超过1000.00万元（含1000.00万元）。

（3）发行价格及定价依据。

本次发行价格为每股人民币5.00元。根据公司在全国中小企业股份转让系统披露的公开转让说明书，2012年度归属于公司股东的净利润为6 798 730.13元，每股收益董事会公告为0.29元。本次定价依据参考公司所处行业、成长性、每股净资产、市盈率等因素，并与投资者沟通后确定。

（4）本次定向发行的期限及符合豁免申请核准发行情形的说明 。

本次定向发行自获得股东大会决议通过后六个月内完成。 截至 2013 年 12 月 27 日，公司在册股东人数为 8 名，本次定向发行拟新引入股东 1 名。本次定向发行后，公司股东人数不会超过 200 人。 因此，本次定向发行属于《非上市公众公司监督管理办法》中第四十二条规定的豁免核准发行的情形，公司将在完成定向发行后，及时向中国证监会备案。

（5）公司股东优先认购方案 。

公司现有股东放弃对本次定向发行股份的优先认购权，并出具了承诺函。

（6）发行对象 。

本次定向发行对象包括： 符合投资者适当性管理规定的机构投资者 1 名，为天津市武清区国有资产经营投资公司。

（7）本次定向增资认购方案 。

新增机构投资者的认购方案：本次定向发行新增 1 名机构投资者，为天津市武清区国有资产经营投资公司，拟认购股数为 200 万股，占本次全部定向发行股份的比例为 100%。

（8）新增机构投资者基本情况、与公司及主要股东的关联关系。

本次定向发行新增 1 名机构投资者，为天津市武清区国有资产经营投资公司，基本情况如下：

天津市武清区国有资产经营投资公司成立于 1994 年 6 月 21 日， 注册资本 :152 亿元人民币，工商登记号 :120222000050078， 注册地址 : 天津市武清区杨村雍阳东道，经济性质：全民所有制，法 定代表人 : 唐东柏，经营范围 : 国有资产投资调剂（国家有专项专营 规定的按规定办理）。 该公司与皇冠幕墙及其主要股东之间无关联关系。

（9）出资方式。

认购人以现金方式认购本次定向发行股份。

（10）募集资金用途。

1）本次募集资金将全部用于补充公司流动资金，优化公司财务结构。

2）募集资金对财务状况及经营成果的影响：

①资金运用对财务状况的影响：募集资金到位后，会使公司财务状况和现金流得到改善，资金流动性增强，为公司扩大生产提供更强的资金保障。

②募集资金运用对经营成果的影响：募集资金到位后，企业将补充生产经营所需的流动资金，提高公司整体经营能力，增加公司的综合竞争力，募集资金的运用能够为公司生产经营带来积极影响。

（11）前次募集资金使用情况。

公司在进入股份转让系统报价转让以来，未发生过募集资金行为。

（12）本次定向发行前滚存未分配利润的处置。

本次定向发行前公司滚存未分配利润由新老股东共同分享。

（13）定向发行后人数。

公司现有股东人数 8 名，本次定向发行引进新股东 1 名。故本次定向发行后公司股东人数不会超过 200 人。

（14）新增股份登记和限售情况。

本次定向发行的新增股份为无限售股份，将在中国证券登记结算有公司深圳分公司登记。自股权登记日起，新增股份可以一次性进入全国中小企业股份转让系统进行股份转让。

公司定向发行 200 万股，融资 1000 万，新增一名股东“天津市武清区国有资产经营投资公司”（以下简称武清国投），以现金方式全额认购本次定向发行的股份。同时披露的还有武清国投与公司前两大股东欧洪荣、黄海龙的对赌条款，条款要求皇冠幕墙自 2014 年起，连续三年，每年经审计的营业收入保持 15% 增幅；如触发条款，武清国投有权要求欧洪荣、黄海龙以其实际出资额 1000 万 +5% 的年收益水平的价格受让其持有的部分或者全部股份。完成定向发行后，欧洪荣、黄海龙以及武清国投所占公司股份比例分别为：46.609%、28.742% 以及 4.334%。

案例解析

完成定向发行后，欧洪荣、黄海龙以及武清国投所占公司股份比例分别为：46.609%、28.742% 以及 4.334%。

2014 年 3 月 27 日，皇冠幕墙发布公告称，公司定向发行的 200 万股无限售条件股份将于 2014 年 3 月 28 日在全国股份转让系统挂牌并公开转让。

根据定增方案，公司此次向 1 名新增机构投资者天津市武清区国有资产经营投资公司定向增发 200 万股，募集资金 1000 万元，用于补充公司流动资金。发行完成后，公司股东人数增至 9 名。

截至 2015 年 7 月 23 日，公司因公积金转增股本引起股本变动，变动后，皇冠幕墙总股本为 0.55 亿股。

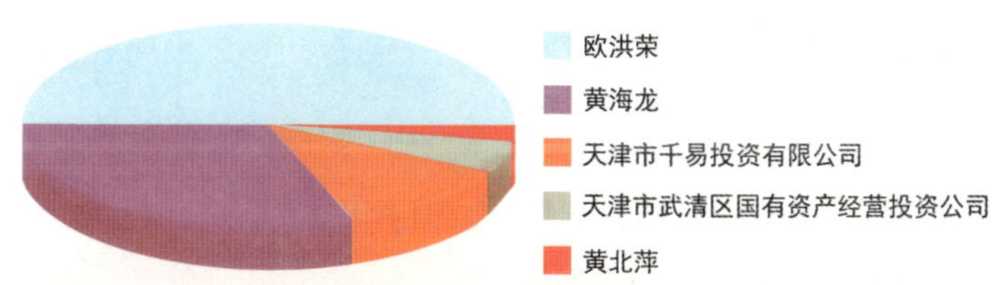

股东名称	持股数 / 万股	占总股比例 /%	变动类型	变动数量 / 万股
欧洪荣	2151.00	46.36	不变	0.00
黄海龙	1326.45	28.59	不变	0.00
天津市千易投资有限公司	525.00	11.31	不变	0.00
天津市武清区国有资产经营投资公司	200.00	4.31	不变	0.00
黄北萍	110.00	2.37	不变	0.00
黄方远	110.00	2.37	不变	0.00
黄雪萍	107.55	2.32	不变	0.00
青岛金石灏汭投资有限公司	100.00	2.16	不变	0.00
杨志华	10.00	0.22	不变	0.00

皇冠幕墙股东结构

新三板跨国（跨境）并购代表案例——新华环保

案例：

石家庄新华能源环保科技股份有限公司成立于2000年8月17日，注册资本7500万元，地处交通便利的河北省省会石家庄市，系综合性设备制造安装企业，产品广泛应用于冶金、化工、有色金属、机械、建材、石化、制药、化肥等行业，是设计制造各类工业炉的专业厂家。同时具有压力容器制造许可证、钢结构资质和工程设计资质证书。公司主要从事节能环保型石灰窑等产品的方案设计、定制生产、集成安装、后续技术支持等业务，专注于高耗能、高污染行业节能环保生产技术的应用和整体解决方案的优化。

石家庄新华能源环保科技股份有限公司2014年11月6日发布进入代办转让系统交易，股票简称变更为“新华环保”，代码不变。

2015年4月24日，新华环保（股票代码：831358）收购Particle公司100%的股权，Particle公司为新华环保实际控制人贾会平个人在美国洛杉矶注册的公司，股本为1000万股，目前无实缴资本，无实质经营。新华环保将承担Particle公司开办费用和承担贾会平承诺对Particle公司的出资。

新华环保这次收购Particle公司，目的在于拓展业务范围，加强国际合作，加深在物料煅烧领域的影响力，开拓新的市场，使之成为公司新的利润增长点。

此外，新华环保并购注册在国外的公司，说明其在选择标的物的时候并不局限于国内的企业。而两个公司的主营业务也是不同的，属于混合并购。新华环保主要注重于自有节能环保技术为基础，为使用石灰的高耗能、高污染行业提供专用生产设备，是我国环保行业并购具有代表性的一个案例。而 Particle 公司又是新华环保的实际控制人控股的，不存在合并后的文化和管理等方面的磨合问题，在并购之后，将会拓展业务范围，加强国际合作，加深在物料煅烧领域的影响力。

两者的合并将会为新华环保带来新的业务，增加新的利润增长点，加强国际合作，开拓新的市场。

案例解析

本次收购完成后，新华环保市盈率为 32.38，对应的行业平均市盈率为 62.97，相对于行业估值偏低。新华环保并购完成后，股价表现稳定，略微波动。

随着新三板各项制度的完善，资本市场环境将更加成熟，特别是做市商和分层制的推出，新三板将会有更多优质的公司挂牌，企业的估值也会更加合理，而国家监督管理层也对并购重组方面推出一些规范政策，鼓励企业并购重组，做大做强，比如证监会发布《非上市公众公司监督管理办法》和《上市公司重大资产重组管理办法》等，将会更加有利于规范新三板企业的并购行为。目前，全球正进入第六次并购浪潮，与此前五次并购浪潮不同，第六次并购浪潮的重心在中国，相信 2016 年新三板必然成为并购浪潮的主战场，也将会有越来越多的新三板企业主动出击，加入并购浪潮，寻找优质猎物。

新三板传统行业代表案例——罗曼股份

案例：

罗曼股份全称上海罗曼照明科技股份有限公司，其前身为上海罗曼照明工程有限公司。该公司系由上海罗曼电光源有限公司、上海梦兰贸易有限公司及自然人娄健颖、孙建文共同出资，并经上海市工商行政管理局黄浦分局批准，于1999年3月4日依法设立的有限责任公司，注册资本5000万元。

该公司主营业务为：城市及道路照明工程专业施工，建筑装修装饰建设工程专业设计及施工，建筑智能化建设工程专业设计及施工，园林及古建筑建设工程专业设计及施工，建筑幕墙建设工程专业设计及施工，承接各类泛光照明设计、安装、调试，经销各类特种灯泡、灯泡、灯具、电器箱、触发器（企业经营涉及行政许可的，凭许可证件经营）。

罗曼股份于2014年2月26日发布进入代办转让系统交易，股票简称变更为“罗曼股份”，代码不变，罗曼股份于2014年3月5日在新三板挂牌。财报显示，2014年罗曼股份实现归属于公司股东的净利润1054万元，较去年同期增长25.2%。

2015年4月23日罗曼股份（股票代码：430662）以1200万元收购上海嘉广景观灯光设计有限公司100%股权，收购后嘉广设计将成为罗曼股份的全资子公司。

罗曼股份的主营业务是城市及区域性景观照明的整体规划和设计、施工及专业照明、节能改造项目的实施。而被收购方嘉广设计经营范围为灯饰、景观灯光设计的技术开发、转让、咨询、服务，景观灯光安装、灯箱制作安装（除广告外）等。罗曼股份这次收购嘉广设计，目的在于进一步完善公司产业布局，增强公司后续可持续发展能力，加快公司从建设到运营管理的战略转型，充分发挥各方在技术、市场、资源等方面的优势，做大做强公司的业务和市场。

案例解析

本次收购完成后，目前罗曼股份市盈率（基于2014年年报的每股收益）为37.33，对应的行业平均市盈率（剔除负值和离群值）为62.97，相对于行业估值偏低。罗曼股份并购完成后，股价表现稳定，市场反应一般。

目前来说，传统行业在全国股转系统上挂牌的数量相对较少，而罗曼股份此次并购事件，也是新三板上传统企业进行做大做强、扩大规模、主动出击的具有代表性的案件。

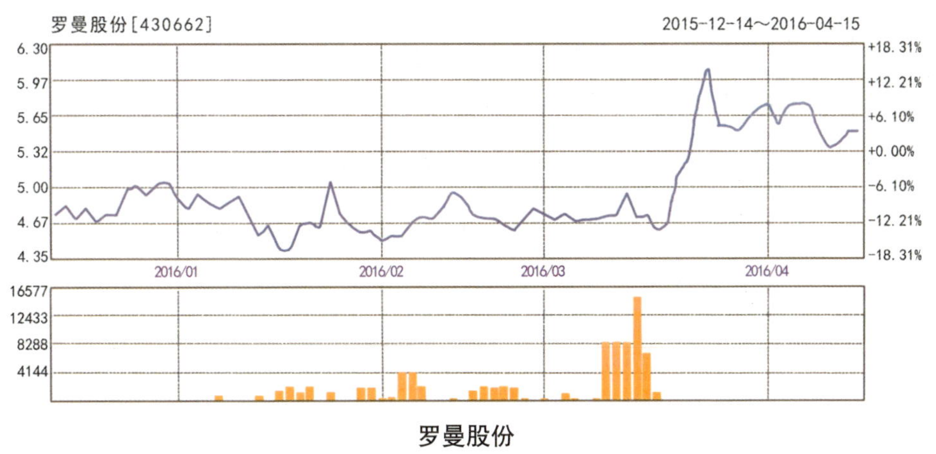

罗曼股份

新三板新兴行业代表案例——先临三维

案例：

总部位于杭州萧山的先临三维公司，2014 年 8 月 8 日正式在新三板挂牌上市，股票代码 830978，成为中国以三维数字化与 3D 打印产业为主营业务的第一股，也成为浙江工业与 3D 打印技术融合的旗帜。上市首日，先临三维即成为资本热追的对象，股价飙升近四成，居新三板市场之首。

2015 年 11 月 10 日，先临三维召开第二届董事会第二十一次会议审议通过《关于公司调整购买北京天远三维科技有限公司股权方式并向其增资的议案》，并提请股东大会审议。先临三维拟以现金方式收购李仁举、叶成蔚合计持有的北京天远 47.69% 股权，交易价格为 4400 万元。

北京天远成立于 2002 年 12 月 26 日，注册资本 500 万元，经营范围：技术开发、技术推广、技术转让、技术咨询、技术服务；销售计算机、软件及辅助设备、电子产品、仪器仪表、自行开发后的产品。

北京天远的股东及其持股情况：李仁举，持股比例为 60%；叶成蔚，持股比例为 40%。本次股权转让，李仁举转让 28.614% 北京天远股权，叶成蔚转让 19.076% 北京天远股权。

并购方先临三维于 2014 年 8 月 8 日在新三板挂牌，为三维数字化及 3D 打印装备及服务一体化解决方案提供商，当前和未来的业务发展仍坚持自主产品的研发创新和持续发展的 3D 打印服务两个方向同时推进。

先临三维拥有完善的人才梯队。截至 2013 年年底，先临三维共有研发技术人员 99 名，涵盖软件、光学、机械、电子、计算机图形、数控等领域，具有丰富的实践经验和较强的技术研发能力。在技术研发方面，截至 2013 年底，先临三维共有 3 项发明专利、20 项实用新型专利，并取得 23 项软件著作权，是国家白光三维测量系统行业标准的牵头起草单位，具有雄厚的技术优势。

被收购方北京天远为国内技术实力领先、销售规模较大的工业三维扫描解决方案提供商之一，为国家白光三维测量系统行业标准的第一起草单位。

本次收购完成后，先临三维市盈率为 145，对应的行业平均市盈率（剔除负值和离群值）为 57.68，相对于行业估值偏高，股价目前表现稳定。

案例解析

先临三维这次收购天远三维，目的在于进一步完善和充实公司的三维数字化与 3D 打印技术生态系统，提升公司的盈利能力，大大提升公司在三维数字化测量领域的技术实力和销售规模。结合公司之前对北京易加三维科技有限公司的收购与乐道战略材料有限公司的合作，以及公司工业三维数字化和工业光固化 3D 打印技术及装备的研发和在全国各地开设的 3D 打印服务中心，公司将形成涵盖工业三维扫描、工业 3D 打印、工业 3D 打印材料、工业 3D 数字化和 3D 打印服务等完整的工业领域 3D 数字化与 3D 打印产业链和生态系统。

新三板借壳重组案例实解——天珑移动

案例

天珑移动成立于2005年6月10日，专注于手机研发、设计、生产、销售、服务提供及品牌运营等业务，产品包括ODM手机和品牌手机，产品大部分出口海外市场。天珑移动与南亚、东南亚、拉美和欧洲等全球近30个国家的当地一线品牌形成战略合作伙伴关系。在2009年成功推出功能强大的全键盘类智能手机系列，创造了短短3个月内单款产品销售过百万台的骄人业绩，并荣获MTK公司授予全球唯一的“年度技术创新奖”。2011年至2014年1~4月间，天珑移动营业收入分别为30.19亿、29.21亿、60.65亿、18.49亿。

2012年，天珑移动曾申请在深交所上市，拟公开发行3000万股，发行后总股本1.2亿股。但是随后被证监会主板发审委以涉及过度依靠税收返还、关联交易、可能涉嫌虚假披露等原因否决。

2015年3月，天珑移动技术股份有限公司在IPO遭遇折戟两年之后卷土重来，以膨胀两倍有余的估值借壳创智科技（400059）实现新三板挂牌上市，再闯资本市场。

天珑移动的借壳之路一路走来可以说是阻碍重重。由于2004年、2005年、2006年连续三个会计年度亏损，创智科技自2007年5月24日至退市前一直处于暂停上市状态。公司从 2010 年开始进入破产重整状态。2011 年 5 月，大地集团斥资 1 亿元受让创智科技原大股东创智集团持有的 4463.52 万股，每股作价 2.26 元，并承诺向上市公司注入核心地产业务。但是大小股东之间出现了严重的利益分歧，小股东们对大股东大地集团严重不信任，认为其空手套白狼，诈骗小股东们的利益。虽然大股东大地集团决定通过定增，购买其持有的主营业务为土地一级开发的国地置业，但是小股东们认为购买资产严重高估，投票否决。

2012 年 12 月 24 日，创智科技发布公告称，公司股票恢复上市申请未获得深交所审议通过，2013 年 2 月，创智科技从深交所退市，同年 4 月，在全国股份转让系统挂牌。

2014 年 9 月，主营业务几近停滞的创智科技发布公告称将通过天珑移动收购摇身一变成为一家手机生产商。但是同样遭遇创智科技众多小股东反对，认为此次资产注入跟以往一样，对小股东不公平，经过创智科技管理层的多方努力才未能使小股东否决该决议。

创智科技之前几次重组失败，彼时公司主营业务已经停滞，公司急需找根救命稻草彻底走出困境；而天珑移动曾计划上市未果。在中信证券、中投证券这两位媒婆撮合下，这两家公司互生情愫，很快签订协议。

由于基本停止经营，几乎没有任何经营收入和盈利来源，创智科技于 2010 年开始破产重整。重整计划中要求引入的重组方承诺通过定向增发等方式，向创智科技注入评估价值不少于 20 亿元且未来三年每年净利润不低于 2.5 亿元的资产。

天珑移动抛出的橄榄枝正好满足这一关键条件。永盛科技等重组方被引入，将天珑移动整体注入创智科技，承诺天珑移动 2014 年、2015 年、2016 年净利润分别不低于 3 亿元、4 亿元、5.2 亿元。

2014 年 9 月 2 日退市企业创智科技发布了重大资产重组报告草案，这一公告也意味着天珑移动时隔两年的 IPO 之路终于迎来了曙光。

2015 年 9 月 2 日，创智科技披露的收购预案显示，将以现金及发行股份的方式购买天珑移动 100% 股权，交易金额达 42.33 亿元。

根据目前披露的收购预案，创智科技拟通过出售成飞电子 17.8% 的股权等重大资产，获得 1410.16 万元现金用于购买天珑移动 3.3765% 股权；剩余 96.62% 股权将通过向天珑移动控股股东永盛科技及其他 7 家股东公司发行股份的形式购买。

根据最新公告，置入资产过户手续已完成，天珑移动成为创智科技的全资子公司。至此，天珑移动成功借壳创智实现了上市。

在成功借壳创智之后，2015 年 11 月 6 日，天珑移动通过创智抛出了定增计划。宣布以不低于人民币 6.00 元 / 股，不高于 20.00 元 / 股的价格，定向发行不超过 20000 万股普通股，募集不超过 12 亿元人民币。

案例解析

注入优质资产是收购方培育壳公司的重要手段，从理论上讲，大量优质资产的注入是目标企业扭亏为赢的捷径。

本次重组完成后，天珑移动将成为创智科技的全资子公司，创智科技将转型为以手机研发、设计、生产、销售、服务提供及品牌运营核心业务的科技型公司。

附录

新三板已成为中小企业的重要融资渠道，为我国经济发展做出了卓越的贡献，但我们也要看到中小企业的不规范之处。而《全国中小企业股份转让系统业务规则（试行）》里讲述了股票挂牌、转让、挂牌公司、主办券商、监督措施与违规处分等内容，对中小企业挂牌具有重要的意义。

因此将《全国中小企业股份转让系统业务规则（试行）》放在附录里，以供读者阅读、参考。

全国中小企业股份转让系统业务规则（试行）

（自2013年2月8日起施行，2013年12月30日修改）

第一章 总则

1.1 为规范全国中小企业股份转让系统（以下简称“全国股份转让系统”）运行，维护市场正常秩序，保护投资者合法权益，根据《中华人民共和国公司法》（以下简称《公司法》）、《中华人民共和国证券法》以及《非上市公众公司监督管理办法》（以下简称《管理办法》）、《全国中小企业股份转让系统有限责任公司管理暂行办法》等法律、行政法规、部门规章，制定本业务规则。

1.2 在全国股份转让系统挂牌的股票、可转换公司债券及其他证券品种，适用本业务规则。本业务规则未作规定的，适用全国中小企业股份转让系统有限责任公司（以下简称“全国股份转让系统公司”）的其他有关规定。

1.3 全国股份转让系统的证券公开转让及相关活动，实行公开、公平、公正的原则，禁止证券欺诈、内幕交易、操纵市场等违法违规行为。

市场参与人应当遵循自愿、有偿、诚实信用的原则。

1.4 申请挂牌公司、挂牌公司及其董事、监事、高级管理人员、股东、实际控制人，主办券商、会计师事务所、律师事务所、其他证券服务机构及其相关人员，投资者应当遵守法律、行政法规、部门规章、本业务规则及全国股份转让系统公司其他业务规定。

1.5 申请挂牌公司、挂牌公司及其他信息披露义务人、主办券商应当真实、准确、完整、及时地披露信息，不得有虚假记载、误导性陈述或者重大遗漏。

申请挂牌公司、挂牌公司的董事、监事、高级管理人员应当忠实、勤勉地履行职责，保证公司披露信息的真实、准确、完整、及时、公平。

申请挂牌公司、挂牌公司及其他信息披露义务人、主办券商依法披露的信息，应当第一时间在全国股份转让系统指定信息披露平台（www.neeq.com.cn 或 www.neeq.cc）公布。

1.6 全国股份转让系统实行主办券商制度。主办券商应当对所推荐的挂牌公司履行持续督导义务。

1.7 主办券商、会计师事务所、律师事务所、其他证券服务机构及其相关人员在全国股份转让系统从事相关业务，应严格履行法定职责，遵守行业规范，勤勉尽责，诚实守信，并对出具文件的真实性、准确性、完整性负责。

1.8 全国股份转让系统实行投资者适当性管理制度。投资者应当具备一定的证券投资经验和相应的风险识别和承担能力，知悉相关业务规则，自行承担投资风险。

1.9 挂牌公司、主办券商、投资者等市场参与人，应当按照规定交纳相关税费。

1.10 挂牌公司是经中国证监会核准的非上市公众公司，股东人数可以超过 200 人。

《管理办法》实施前股东人数为二百人以上的股份有限公司，依照有关法律、行政法规、部门规章进行规范并经中国证监会确认后，符合本业务规则规定条件的，可以向全国股份转让系统公司申请挂牌。

1.11 全国股份转让系统公司依法对申请挂牌公司、挂牌公司及其他信息披露义务人、主办券商等市场参与人进行自律监管。

第二章　股票挂牌

2.1 股份有限公司申请股票在全国股份转让系统挂牌，不受股东所有制性质的限制，不限于高新技术企业，应当符合下列条件：

（一）依法设立且存续满两年。有限责任公司按原账面净资产值折股整体变更为股份有限公司的，存续时间可以从有限责任公司成立之日起计算；

（二）业务明确，具有持续经营能力；

（三）公司治理机制健全，合法规范经营；

（四）股权明晰，股票发行和转让行为合法合规；

（五）主办券商推荐并持续督导；

（六）全国股份转让系统公司要求的其他条件。

2.2 申请挂牌公司应当与主办券商签订推荐挂牌并持续督导协议，按照全国股份转让系统公司的有关规定编制申请文件，并向全国股份转让系统公司申报。

2.3 全国股份转让系统公司对挂牌申请文件审查后，出具是否同意挂牌的审查意见。

2.4 申请挂牌公司取得全国股份转让系统公司同意挂牌的审查意见及中国证监会核准文件后，按照全国股份转让系统公司规定的有关程序办理挂牌手续。

申请挂牌公司应当在其股票挂牌前与全国股份转让系统公司签署挂牌协议，明确双方的权利、义务和有关事项。

2.5 申请挂牌公司应当在其股票挂牌前依照全国股份转让系统公司的规定披露公开转让说明书等文件。

2.6 申请挂牌公司在其股票挂牌前实施限制性股票或股票期权等股权激励计划且尚未行权完毕的，应当在公开转让说明书中披露股权激励计划等情况。

2.7 申请挂牌公司在其股票挂牌前，应当与中国证券登记结算有限责任公司（以下简称“中国结算”）签订证券登记及服务协议，办理全部股票的集中登记。

2.8 挂牌公司控股股东及实际控制人在挂牌前直接或间接持有的股票分三批解除转让限制，每批解除转让限制的数量均为其挂牌前所持股票的三分之一，解除转让限制的时间分别为挂牌之日、挂牌期满一年和两年。

挂牌前十二个月以内控股股东及实际控制人直接或间接持有的股票进行过转让的，该股票的管理按照前款规定执行，主办券商为开展做市业务取得的做市初始库存股票除外。

因司法裁决、继承等原因导致有限售期的股票持有人发生变更的，后续持有人应继续执行股票限售规定。

2.9 股票解除转让限制，应由挂牌公司向主办券商提出，由主办券商报全国股份转让系统公司备案。全国股份转让系统公司备案确认后，通知中国结算办理解除限售登记。

第三章　股票转让

第一节　一般规定

3.1.1 股票转让采用无纸化的公开转让形式，或经中国证监会批准的其他转让形式。

3.1.2 股票转让可以采取协议方式、做市方式、竞价方式或其他中国证监会批准的转让方式。经全国股份转让系统公司同意，挂牌股票可以转换转让方式。

3.1.3 挂牌股票采取协议转让方式的，全国股份转让系统公司同时提供集合竞价转让安排。

3.1.4 挂牌股票采取做市转让方式的，须有两家以上从事做市业务的主办券商（以下简称“做市商”）为其提供做市报价服务。

做市商应当在全国股份转让系统持续发布买卖双向报价，并在报价价位和数量范围内履行与投资者的成交义务。做市转让方式下，投资者之间不能成交。全国股份转让系统公司另有规定的除外。

3.1.5 全国股份转让系统为证券转让提供相关设施，包括交易主机、交易单元、报盘系统及相关通信系统等。

3.1.6 主办券商进入全国股份转让系统进行证券转让，应当先向全国股份转让系统公司申请取得转让权限，成为转让参与人。

3.1.7 股票转让时间为每周一至周五上午 9:15 至 11:30，下午 13:00 至 15:00。转让时间内因故停市，转让时间不作顺延。

遇法定节假日和全国股份转让系统公司公告的休市日，全国股份转让系统休市。

3.1.8 全国股份转让系统对股票转让不设涨跌幅限制。全国股份转让系统公司另有规定的除外。

3.1.9 投资者买卖挂牌公司股票，应当开立证券账户和资金账户，并与主办券商签订证券买卖委托代理协议。

投资者开立证券账户，应当按照中国结算的相关规定办理。

3.1.10 主办券商接受投资者的买卖委托后，应当确认投资者具备相应股票或资金，并按照投资者委托的时间先后顺序向全国股份转让系统申报。

3.1.11 买卖挂牌公司股票，申报数量应当为 1000 股或其整数倍。

卖出挂牌公司股票时，余额不足 1000 股部分，应当一次性申报卖出。

3.1.12 股票转让的计价单位为“每股价格”。股票转让的申报价格最小变动单位为 0.01 元人民币。

3.1.13 全国股份转让系统公司可以根据市场需要，调整股票单笔买卖申报数量和申报价格的最小变动单位。

3.1.14 申报当日有效。投资者可以撤销委托申报的未成交部分。

3.1.15 买卖申报经交易主机成交确认后，转让即告成立，买卖双方必须承认转让结果，履行清算交收义务，本规则另有规定的除外。

3.1.16 中国结算作为共同对手方，为股票转让提供清算和多边净额担保交收服务；或不作为共同对手方，提供其他清算、交收等服务。

3.1.17 投资者卖出股票，须委托代理其买入该股票的主办券商办理。如需委托另一家主办券商卖出该股票，须办理股票转托管手续。

3.1.18 投资者因司法裁决、继承等特殊原因需要办理股票过户的，依照中国结算的规定办理。

第二节　转让信息

3.2.1 全国股份转让系统公司每个转让日发布股票转让即时行情、股票转让公开信息等转让信息，及时编制反映市场转让情况的各类报表，并通过全国股份转让系统指定信息披露平台或其他媒体予以公布。

3.2.2 全国股份转让系统公司负责全国股份转让系统信息的统一管理和发布。未经全国股份转让系统公司许可，任何机构和个人不得发布、使用和传播转让信息。经全国股份转让系统公司许可使用转让信息的机构和个人，未经同意不得将转让信息提供给其他机构和个人使用或予以传播。

3.2.3 全国股份转让系统公司可以根据市场发展需要，编制综合指数、成份指数、分类指数等证券指数，随即时行情发布。

证券指数的设置和编制方法，由全国股份转让系统公司另行规定。

第三节　监控与异常情况处理

3.3.1 全国股份转让系统公司对股票转让中出现的异常转让行为进行重点监控，并可以视情况采取盘中临时停止股票转让等措施。

3.3.2 发生下列转让异常情况之一，导致部分或全部转让不能正常进行的，全国股份转让系统公司可以决定单独或同时采取暂缓进入清算交收程序、技术性停牌或临时停市等措施：

（一）不可抗力；

（二）意外事件；

（三）技术故障；

（四）全国股份转让系统公司认定的其他异常情况。

3.3.3 全国股份转让系统公司对暂缓进入清算交收程序、技术性停牌或临时停市决定予以公告。技术性停牌或临时停市原因消除后，全国股份转让系统公司可以决定恢复转让，并予以公告。

因转让异常情况及全国股份转让系统公司采取的相应措施造成损失的，全国股份转让系统公司不承担赔偿责任。

3.3.4 转让异常情况处理的具体规定，由全国股份转让系统公司另行制定并报中国证监会批准。

第四章　挂牌公司

第一节　公司治理

4.1.1 挂牌公司应当按照法律、行政法规、部门规章、全国股份转让系统公司相关业务规定完善公司治理，确保所有股东，特别是中小股东享有平等地位，充分行使合法权利。

4.1.2 挂牌公司应当依据《公司法》及有关非上市公众公司章程必备条款的规定制定公司章程并披露。

挂牌公司应当依照公司章程的规定，规范重大事项的内部决策程序。

4.1.3 挂牌公司与控股股东、实际控制人及其控制的其他企业应实行人员、资产、财务分开，各自独立核算、独立承担责任和风险。

4.1.4 控股股东、实际控制人及其控制的其他企业应切实保证挂牌公司的独立性，不得利用其股东权利或者实际控制能力，通过关联交易、垫付费用、提供担保及其他方式直接或者间接侵占挂牌公司资金、资产，损害挂牌公司及其他股东的利益。

4.1.5 挂牌公司董事会做出的对公司治理机制的讨论评估应当在年度报告中披露。

4.1.6 挂牌公司可以实施股权激励，具体办法另行规定。

第二节　信息披露

4.2.1 挂牌公司应当按照全国股份转让系统公司相关规定编制并披露定期报告和临时报告；上述文件披露前，挂牌公司应当依据公司章程履行内部程序。

挂牌公司应当按照《企业会计准则》的要求编制财务报告，全国股份转让系统公司另有规定的除外。

挂牌公司发生的或者与之有关的事件没有达到全国股份转让系统公司规定的披露标准，或者全国股份转让系统公司没有具体规定，但公司董事会认为该事件对公司股票转让价格可能产生较大影响的，公司应当及时披露。

4.2.2 若挂牌公司有充分依据证明其拟披露的信息属于国家机密、商业秘密，可能导致其违反国家有关保密法律、行政法规规定或者严重损害挂牌公司利益的，可以向全国股份转让系统公司申请豁免披露或履行相关义务。

4.2.3 挂牌公司应当制定并执行信息披露事务管理制度。

挂牌公司设有董事会秘书的，由董事会秘书负责信息披露管理事务，未设董事会秘书的，挂牌公司应指定一名具有相关专业知识的人员负责信息披露管理事务，并向全国股份转让系统公司报备。负责信息披露管理事务的人员应列席公司的董事会和股东大会。

4.2.4 挂牌公司及其他信息披露义务人应当对其披露信息内容的真实性、准确性、完整性承担责任。

4.2.5 挂牌公司、相关信息披露义务人和其他知情人不得泄露内幕信息。

4.2.6 主办券商应对挂牌公司拟披露的信息披露文件进行审查，履行持续督导职责。

4.2.7 全国股份转让系统公司对挂牌公司及其他信息披露义务人已披露的信息进行审查。

4.2.8 挂牌公司出现下列情形之一的，全国股份转让系统公司对股票转让实行风险警示，在公司股票简称前加注标识并公告：

（一）最近一个会计年度的财务会计报告被出具否定意见或者无法表示意见的审计报告；

（二）最近一个会计年度经审计的期末净资产为负值；

（三）全国股份转让系统公司规定的其他情形。

第三节　定向发行

4.3.1 本业务规则规定的定向发行，是指申请挂牌公司、挂牌公司向特定对象发行股票的行为。

4.3.2 申请挂牌公司、挂牌公司定向发行应当符合全国股份转让系统公司有关投资者适当性管理、信息披露等规定。

4.3.3 按照《管理办法》应申请核准的定向发行，主办券商应当出具推荐文件，挂牌公司取得全国股份转让系统公司同意定向发行的审查意见及中国证监会核准文件后，与全国股份转让系统公司办理定向发行新增股份的挂牌手续。

4.3.4 按照《管理办法》豁免申请核准的定向发行，主办券商应履行持续督导职责并发表意见，挂牌公司在发行验资完毕后填报备案登记表，办理新增股份的登记及挂牌手续。

4.3.5 申请挂牌公司申请股票在全国股份转让系统挂牌的同时定向发行的，应在公开转让说明书中披露。

第四节　暂停与恢复转让

4.4.1 挂牌公司发生下列事项，应当向全国股份转让系统公司申请暂停转让，直至按规定披露或相关情形消除后恢复转让。

（一）预计应披露的重大信息在披露前已难以保密或已经泄露，或公共媒体出现与公司有关传闻，可能或已经对股票转让价格产生较大影响的；

（二）涉及需要向有关部门进行政策咨询、方案论证的无先例或存在重大不确定性的重大事项，或挂牌公司有合理理由需要申请暂停股票转让的其他事项；

（三）向中国证监会申请首次公开发行股票并上市，或向证券交易所申请股票上市；

（四）向全国股份转让系统公司主动申请终止挂牌；

（五）未在规定期限内披露年度报告或者半年度报告；

（六）主办券商与挂牌公司解除持续督导协议；

（七）出现依《公司法》第一百八十一条规定解散的情形，或法院依法受理公司重整、和解或者破产清算申请。

挂牌公司未按规定向全国股份转让系统公司申请暂停股票转让的，主办券商应当及时向全国股份转让系统公司报告并提出处理建议。

4.4.2 全国股份转让系统公司可以根据中国证监会的要求或者基于维护市场秩序的需要，决定挂牌公司股票的暂停与恢复转让事宜。

第五节　终止与重新挂牌

4.5.1 挂牌公司出现下列情形之一的，全国股份转让系统公司终止其股票挂牌：

（一）中国证监会核准其首次公开发行股票申请，或证券交易所同意其股票上市；

（二）终止挂牌申请获得全国股份转让系统公司同意；

（三）未在规定期限内披露年度报告或者半年度报告的，自期满之日起两个月内仍未披露年度报告或半年度报告；

（四）主办券商与挂牌公司解除持续督导协议，挂牌公司未能在股票暂停转让之日起三个月内与其他主办券商签署持续督导协议的；

（五）挂牌公司经清算组或管理人清算并注销公司登记的；

（六）全国股份转让系统公司规定的其他情形。

4.5.2 全国股份转让系统公司在做出股票终止挂牌决定后发布公告，并报中国证监会备案。

挂牌公司应当在收到全国股份转让系统公司的股票终止挂牌决定后及时披露股票终止挂牌公告。

4.5.3 对因本业务规则 4.5.1 条第（三）、（四）项情形终止挂牌的公司，全国股份转让系统公司可以为其提供股票非公开转让服务。

4.5.4 导致公司终止挂牌的情形消除后，经公司申请、主办券商推荐及全国股份转让系统公司同意，公司股票可以重新挂牌。

第五章　主办券商

5.1 主办券商是指在全国股份转让系统从事下列部分或全部业务的证券公司：

（一）推荐业务：推荐申请挂牌公司股票挂牌，持续督导挂牌公司，为挂牌公司定向发行、并购重组等提供相关服务；

（二）经纪业务：代理开立证券账户、代理买卖股票等业务；

（三）做市业务；

（四）全国股份转让系统公司规定的其他业务。

从事前款第一项业务的，应当具有证券承销与保荐业务资格；从事前款第二项业务的，应当具有证券经纪业务资格；从事前款第三项业务的，应当具有证券自营业务资格。

5.2 证券公司在全国股份转让系统开展相关业务前，应向全国股份转让系统公司申请备案。

全国股份转让系统公司同意备案的，与其签订协议，出具备案函并公告。

5.3 主办券商应在取得全国股份转让系统公司备案函后五个转让日内，在全国股份转让系统指定信息披露平台披露公司基本情况、主要业务人员情况及全国股份转让系统公司要求披露的其他信息。

主办券商在全国股份转让系统开展业务期间，应按全国股份转让系统公司要求报送并披露相关执业情况等信息。

主办券商所披露信息内容发生变更的，应按规定及时报告全国股份转让系统公司并进行更新。

5.4 主办券商在全国股份转让系统开展业务，应当建立健全各项业务管理制度和业务操作流程，建立健全风险管理制度和合规管理制度，保障业务依法合规进行，严格防范和控制业务风险。

5.5 主办券商应当实现推荐业务、经纪业务、做市业务以及其他业务之间的有效隔离，防范内幕交易，避免利益冲突。

5.6 主办券商开展推荐业务，应勤勉尽责地进行尽职调查和内核，并承担相应责任。

5.7 主办券商应持续督导所推荐挂牌公司诚实守信、规范履行信息披露义务、完善公司治理机制。

主办券商与挂牌公司解除持续督导协议前，应当报告全国股份转让系统公司并说明理由。

5.8 主办券商应当建立健全投资者适当性管理工作制度和业务流程，严格执行全国股份转让系统投资者适当性管理各项要求。

5.9 主办券商发现投资者存在异常交易行为，应提醒投资者；对可能严重影响正常交易秩序的异常交易行为，应及时报告全国股份转让系统公司。

5.10 主办券商开展做市业务不得利用信息优势和资金优势，通过单独或者合谋，以串通报价或相互买卖操纵股票转让价格，损害投资者利益。

5.11 全国股份转让系统公司对主办券商及其从业人员的执业行为进行持续管理，开展现场检查和非现场检查，记录其执业情况、违规行为等信息。

第六章　监管措施与违规处分

6.1 全国股份转让系统公司可以对本业务规则 1.4 条规定的监管对象采取下列自律监管措施：

（一）要求申请挂牌公司、挂牌公司及其他信息披露义务人或者其董事（会）、监事（会）和高级管理人员、主办券商、证券服务机构及其相关人员对有关问题做出解释、说明和披露；

（二）要求申请挂牌公司、挂牌公司聘请中介机构对公司存在的问题进行核查并发表意见；

（三）约见谈话；

（四）要求提交书面承诺；

（五）出具警示函；

（六）责令改正；

（七）暂不受理相关主办券商、证券服务机构或其相关人员出具的文件；

（八）暂停解除挂牌公司控股股东、实际控制人的股票限售；

（九）限制证券账户交易；

（十）向中国证监会报告有关违法违规行为；

（十一）其他自律监管措施。

监管对象应当积极配合全国股份转让系统公司的日常监管，在规定期限内回答问询，按照全国股份转让系统公司的要求提交说明，或者披露相应的更正或补充公告。

6.2 申请挂牌公司、挂牌公司、相关信息披露义务人违反本业务规则、全国股份转让系统公司其他相关业务规定的，全国股份转让系统公司视情节轻重给予以下处分，并记入证券期货市场诚信档案数据库（以下简称“诚信档案”）：

（一）通报批评；

（二）公开谴责。

6.3 申请挂牌公司、挂牌公司的董事、监事、高级管理人员违反本业务规则、全国股份转让系统公司其他相关业务规定的，全国股份转让系统公司视情节轻重给予以下处分，并记入诚信档案：

（一）通报批评；

（二）公开谴责；

（三）认定其不适合担任公司董事、监事、高级管理人员。

6.4 主办券商违反本业务规则、全国股份转让系统公司其他相关业务规定的，全国股份转让系统公司视情节轻重给予以下处分，并记入诚信档案：

（一）通报批评；

（二）公开谴责；

（三）限制、暂停直至终止其从事相关业务。

6.5 主办券商的相关业务人员违反本业务规则、全国股份转让系统公司其他相关业务规定的，全国股份转让系统公司视情节轻重给予以下处分，并记入诚信档案：

（一）通报批评；

（二）公开谴责。

6.6 会计师事务所、律师事务所、其他证券服务机构及其工作人员违反本业务规则、全国股份转让系统公司其他相关业务规定的，全国股份转让系统公司视情节轻重给予以下处分，记入诚信档案并向相关行业自律组织通报：

（一）通报批评；

（二）公开谴责。

6.7 全国股份转让系统公司设立纪律处分委员会对本业务规则规定的纪律处分事项进行审核，做出独立的专业判断并形成审核意见。全国股份转让系统公司根据纪律处分委员会的审核意见，做出是否给予纪律处分的决定。

监管对象不服全国股份转让系统公司做出的纪律处分决定的，可自收到处分通知之日起 15 个工作日内向全国股份转让系统公司申请复核，复核期间该处分决定不停止执行。

第七章　附则

7.1 原证券公司代办股份转让系统挂牌的 STAQ、NET 系统公司和退市公司的股票转让、信息披露等事项另行规定。

7.2 本业务规则所称“以上”“以内”含本数，“超过”不含本数。

7.3 本业务规则由全国股份转让系统公司负责解释。

7.4 本业务规则经中国证监会批准后生效，自发布之日起实施。